底辺の大工、ヤバいアメリカで生きのびる

絶望の中で見つけた「自分を見失わない」方法

地獄海外難民

KADOKAWA

はじめに

この本を手に取ってくださり、ありがとうございます。

僕は「地獄海外難民チャンネル」というチャンネルでアメリカでの底辺生活をお伝えしている、もっともイケてないニューヨーク在住YouTuberの「地獄海外難民」(愛称は「なんちゃん」)です。

貯金はいつも2~3ドル、借金は450万円。建設現場で大工として働く33歳の肉体労働者です。本当の難民ではないのですが、妻と幼い子ども2人を抱えながら、アメリカでロウワーミドルの生活を送っています。

アメリカに移住した時にはまとまった貯金もあったものの、コロナ禍以降、物価が一気に上がりすぎてゼロになってしまいました。

何とか肉体労働で毎週の給与をもらいながら、フードデリバリーやライドシェア、大工の副業などいくつもの仕事を掛け持ちし、それでも生活費が足りず借金を重ねる日々。「何も考えずに浮かれて移住したおまえが悪い」と責める方もいらっしゃるかもしれません。

でも、短期間でこれほど物価が上がるなんて、誰が予測できたでしょうか？

普通に働いているのに、普通に暮らせないアメリカ。**物価、おかしすぎです！**

アメリカ人の妻と出会いニューヨーク州への移住を決意

そもそも僕がアメリカに移住した理由は、妻との結婚でした。

日本で英会話講師をしていた彼女と出会い、３年間交際した後で、母国アメリカの祖父母が病気になってしまったことを聞いた彼女はこう言いました。

「家族のいるアメリカに帰りたい。一緒に来てほしい」

僕はすぐに了承しました。

なぜなら、いろいろな事情から僕は親と関係を絶っており、家族がいなかったからです。

妻の頼みを断る理由はありませんでした。

また、僕は22歳の時にあるきっかけから急に英語を猛勉強し始め、その後はオーストラリアとニュージーランドでワーキングホリデーをして、帰国後しばらく英会話講師をしていました。だから、**日本語を話せない妻と日本に残るより、英語を話せる僕がアメリカに行った方が生活しやすい**と思ったのもあります。

そして2019年の秋。彼女と婚約した僕は、彼女の故郷ニューヨーク州に渡りました。ニューヨークシティから車で北に1時間半ほど行ったところが僕たちの住む街です。

その後、僕たち夫婦には2人の子どもが生まれました。

妻は自分の父母やきょうだいとたくさんの時間を過ごせますし、子どもたちはおじいちゃんやおばあちゃんのそばで暮らせます。僕が子どもの時、おじいちゃんやおばあちゃんは1人もいませんでした。だから、この決断には間違いはなかったと思っています。

過酷な仕事とカツカツの毎日でうつ病に

でも、アメリカに住むには、毎月ものすごいお金がかかります。それに、アメリカでの生活は僕のイメージとはまったく違っていました。

僕の住む地域に日本人はほとんどいないし、日本語を話せる人もいません。**日本の友人がいない、日本語を話せないアメリカ生活は孤独との闘いです。**

仕事や人間関係は超ハード。**肉体的にも精神的にも過酷です。**

特に、僕の働く建設現場ではアメリカ映画に出てくるようなフレンドリーな同僚には会ったことがありません。

そこにいるのは、葉っぱでハイになっているか酒で酔っ払っている同僚。軍隊出身で、PTSDを患っている同僚。過去に人を殺めたことがある同僚……。

口論や喧嘩はしょっちゅうです。

そして、**人種差別は日常茶飯事で、特に体が小さくて数の少ないアジア人なんて格好の標的**です。現場での日常的な罵声、勝手につけられたあだ名（定番はトヨタ）、陰口、仕事を教えないなどの嫌がらせで、僕の精神はズタズタに。

お金の心配も重なって、豆腐メンタルの僕はうつ病になってしまいました。

日本の職場での飲み会はストレスだったけれど、**アメリカに行ってみたら、もはや「生きるか死ぬか」の毎日でした……。**

キラキラなんて存在しない悲惨なアメリカでゆるく生きる

でも、YouTubeやソーシャルメディアを見れば、そこに溢れているのはキラキラしたアメリカを伝えるものばかり。僕の底辺生活とは大違いで。

「あれ？　こんな悲惨な生活してるの、僕だけか!?」

YouTubeを見れば見るほど、自分の毎日が地獄に思えてきます。

そこで、僕は自分のリアルな生活をYouTubeにアップしてみました。

するとコメント欄に「僕も」「私も」の声が、来るわ来るわ。

またパンデミック中だったため、次第に「生活が苦しい」という動画を上げる人が増えてきました。皆のキラキラ生活どこ行った。今もその勢いは変わらないどころか、そんな動画がどんどん増えています。

僕が言いたいのは**今、アメリカ人の多くは「paycheck to paycheck（給料から給料へ綱渡り）」のヤバい生活を送っている**ということです。

給料は上がったけれど、それ以上に生活費が高騰して戦々恐々としている人。

家賃が払えなくなり、家族ごとホームレスになってしまった人……とにかくアメリカは、決してキラキラした人たちだけではありません。

そんな中で、多額の借金を抱えながら、僕は今日も何とか生きのびています。

危険極まりない移住生活のリアルや、借金まみれのお金の悩み、掛け持ちが当たり前の仕事、過酷な労働やシビアな人間関係など、アメリカ移住の現実をベースに、絶望の中で生きてる僕の**「自分を見失わない」方法**をお伝えしたいと思います。

これから渡米する方、いつか海外移住を考えている方、仕事や留学でアメリカと関わる方、国際結婚を控えている方など、何かのヒントになれば幸いです。

第3章 3〜4つ掛け持ちは当たり前!「仕事」で擦り切れる 107

※１ドル＝150円で換算しています。

STAFF
ブックデザイン　bookwall
イラスト　地獄海外難民
Melek／Adobestock（カバー「自由の女神像」）
編集協力　真田晴美
DTP　エヴリ・シンク
校正　ぷれす
編集　杉山 悠

第1章
ショッキングなこと多すぎ！
移住生活のリアル

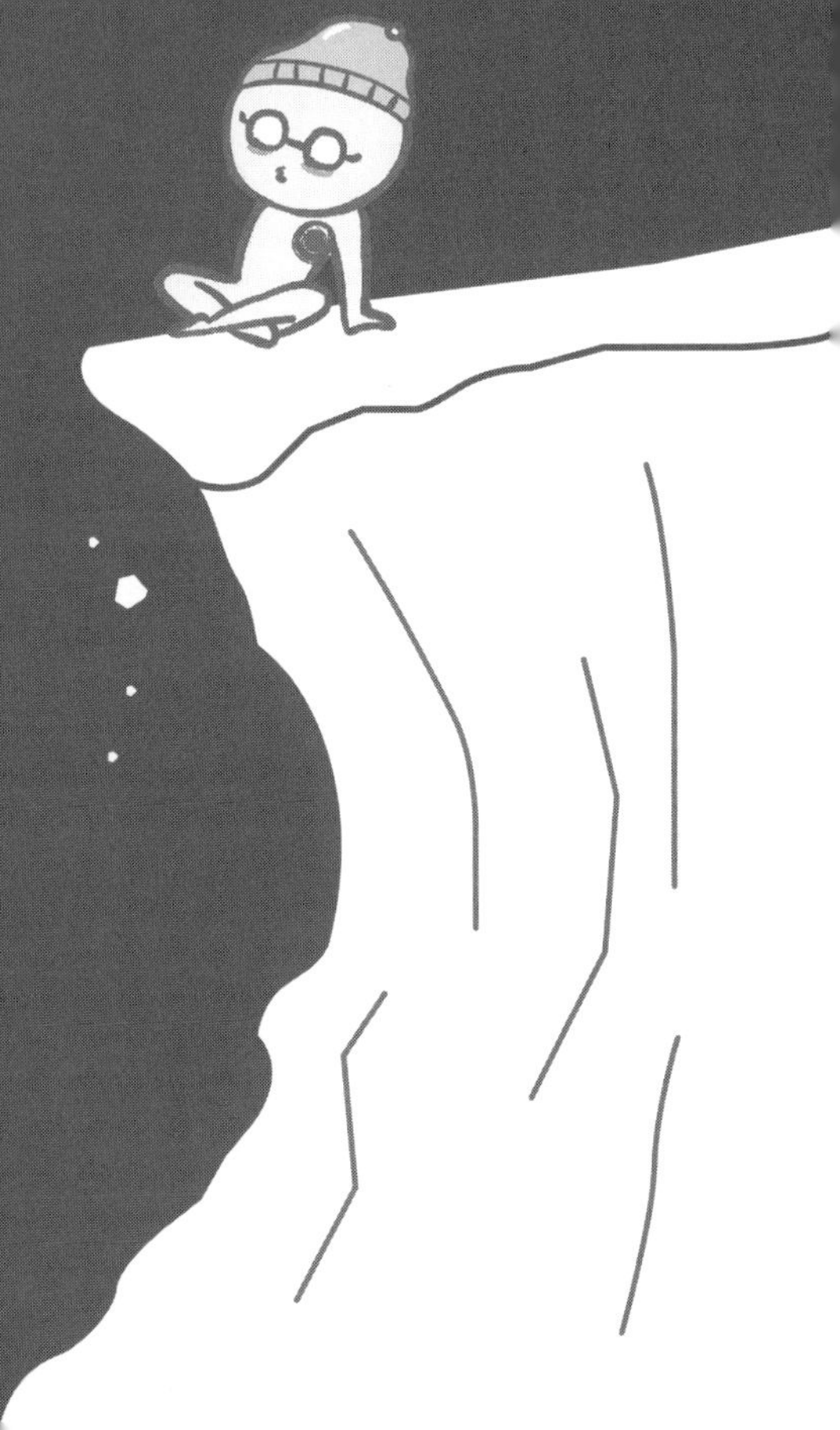

偏差値30で英語を猛勉強。23歳でワーキングホリデーへ

僕は22歳の時、日本で介護施設に勤めていたのですが、ある日急に思い立って英語を学び始めます。そのきっかけは当時の彼女の一言でした。

当時付き合っていた女性と映画「宇宙兄弟」を観に行った時、英語を話している登場人物を見て彼女がボソッと「英語が話せる人ってかっこいいよね」と呟《つぶや》いたのを聞いて、**一気に英語モードに入った**のです。我ながら単純すぎます。でも人生を変えるきっかけなんて、そんなもんです。多分。

しかし何を隠そう、**僕の学生時代の偏差値は30。**中学・高校時代の英語の成績はずっと「1」。当然まったくしゃべれないし、勉強も苦手でした。

でも、その時だけは死ぬ気で勉強しました。下北沢の英会話カフェで習っていた外国人

の先生に『English Grammar in Use』という参考書を薦められ、その本で1人、猛勉強。**読む本も観る映画もすべて英語だけにして、英語漬けの生活を送りました。**

23歳でオーストラリアとニュージーランドに3年半ワーキングホリデーに行き、最初は英語が通じずに苦労しましたが、何とかしゃべれるようになって帰国。

その後、**日本で英会話講師をしていた妻と知り合い、婚約して渡米することになった**のです。

渡米前の僕は、妻との結婚生活を見据えて技術職に就こうと考え、鍵とガラス修理の仕事をしていました。

技術も覚えなくてはいけませんでしたが、歩合制のその仕事が僕の性に合っていたのか、いい時は月に70万~80万円ほど稼げるようになり、貯金もそれなりにできました。

そして2019年、妻（当時は婚約者）が先にアメリカに帰国し、K－1ビザを申請します。アメリカ国民との結婚を予定していて、アメリカでの永住を希望する外国人が取得する婚約者ビザです。

彼女がアメリカ移民局に書類を提出してから半年で手続きが終わり、僕は日本での仕事をやめて、２０１９年にアメリカに飛び立ちました。29歳でした。

僕がアメリカに入国した時、彼女は小学校の講師の仕事をしていて、すべては順風満帆に思えました。僕にも貯金があったので、就労ビザやグリーンカード（アメリカでの永住権を示す証明書）が届くまで、余裕で生活できるだろうと思っていたのです。

しかし、僕の入国から数日後。なんと、**妻が職場を解雇になります。**

アメリカで、ある日いきなり解雇されるのはよくあることです。でも、このタイミングでの解雇は、かなりまずい事態でした。

なぜかというと、僕のＫ－１ビザのままでは就労できないため、グリーンカードを取得しなければいけないのですが、妻が僕のスポンサー（保証人）になっているので、**彼女の収入がなくなると、その許可が下りない可能性が出てくる**からです。

まあそれでも、貯金があるから大丈夫だろうと最初は気楽に構えていましたが……アメリカの物価は予想以上に高く、みるみる貯金が消え去っていきます。

妻は必死で仕事を探していましたが、なかなか見つからないし、僕はまだ働けないしで、気がついたら夫婦でギリギリの生活に……。

こんなはずじゃなかったのに！

移住後にアメリカの自由のなさに絶望する

移住当初の予定では、３ヶ月くらいで僕の就労ビザが取れると考えていましたが、**３ヶ月たっても就労ビザが下りません。**妻も就職活動をしていたけれど、なかなか仕事が決まらず、僕はだんだん焦ってきました。

まず、当時の僕たちには健康保険がありませんでした。国民皆保険制度の日本とは違って、アメリカの健康保険は雇用主が提供します。**だから妻が仕事を失ってしまうと、僕たちには健康保険がなくなります。**

それでも妻の方は、国が提供する低所得者向けの無料の保険を受けられることになりましたが、僕がその保険に申し込むと、ビザやグリーンカードの発行に影響するかも、と言われました。

妻のサポートも難しいとなると、アメリカが僕にビザを発給するメリットがないと判断するためです。**僕は仕方なく健康保険の申し込みを断念しました。**

それから、アメリカでは都市部以外は、車がないとどこにも行けません。そのため夫婦で1台ずつ車を持つ家が多いのですが、当時の我が家には妻のマニュアル車しかありませんでした。マニュアル車に乗れない僕には運転できません。

残る手段は徒歩ですが、スーパーまでは歩いて1時間。**しかしアメリカの郊外には歩道がないところが多いので、道端を歩くのは危険です。**

しかもアメリカ人には安全運転という概念がないのか、**街中で80キロや100キロでビュンビュン飛ばしている車の横を歩くことになります。**

まるで高速道路の隅を歩く感じ。実際、僕は何度も死にかけました。

そして何より、収入の不安です。妻は月に400ドルの失業保険をもらっていましたが、それだけではとても足りず、みるみる貯金が減っていきます。

そんな折、妻は4ヶ月後に弁護士事務所の受付の仕事を得ます。ただ、小学校講師の時より、給料は大幅に下がってしまいました。

それでもやっと、ビザも保険も何とかなると思っていたら、今度は新型コロナ。

ロックダウン中は家賃だけでなく、光熱費、食費、生活費、医療保険などすべてが高騰し始めました。

そして企業では解雇の嵐。**なんと妻も自宅待機の末、経費削減のためにまた解雇**されてしまいます。そうなると、妻は僕のビザのスポンサーになれません。

そこで、妻のお母さんが僕のスポンサーになってくれることになりました。

でもこの時点で、僕はもうノイローゼ状態。

働けないし、物が高くて買い物もできないし、車がないから家から出られなくて自由もないし、妻のヒモみたいだし、「アメリカまで来て一体何をやっているのか」と絶望していました。

日本では割と高収入で自信満々だったのに。一気に人生転落です。

そんな時、僕に原因不明の咳が出始めます。2ヶ月たっても咳は止まらず、病院で検査を受けることにしました。**でも、保険なしだと検査だけで3000〜4000ドルもかかります。**とてもそんな額を払える状態ではありません。

当時はすでに妻の親御さんから借金していましたが、もう限界でした。**「ここまで頑張っ**

たけど、もう無理だ。日本に帰ろう」と泣きながら妻と話す日々。

その間、パンデミックで世の中もどんどんおかしくなっていきます。

人々が攻撃的になり、街ではアジア人が突然殴られる事件が続き、暴動が起こり始めます。物価や家賃もどんどん上がっていきました。

ついに僕たちは、2020年3月までに就労ビザが出なかったら日本に帰ることに決めました。

そして3月。いよいよ日本に帰国かと覚悟していたら、ある日、急に就労ビザが下りたのです。**結局、僕の入国から8ヶ月もかかっていました。**

ようやく大工の仕事を得るがクセが強すぎる職場で!?

入国から8ヶ月後、就労ビザが出て、僕も仕事に就けるようになりました。

絶望している間にも、僕はある程度は仕事の目星をつけていました。日本にいる親友が大工で、以前**「難民、おまえ手先が器用だから大工になれよ」**と言ってくれたことと、妻の親戚が電気工事士を勧めてくれたことで、大工か電気工事士で迷っていましたが、結局は親友の存在が大きく、大工を選びました。

それを妻や妻の両親に話すと、**肉体労働系の仕事をする場合は組合に入った方がいい**と勧められました。定年後の年金も出るし、健康保険も提供してもらえるし、とにかく福利厚生がいい、とのこと。

そこでニューヨーク州の建設組合に行ってみると、残念ながらコロナウイルスの影響で受け付けていないそうです。仕方がないので、とりあえず近くのホームセンターで働き始めました。**時給は13ドル。当時のニューヨーク州の最低賃金です。**

その後、組合が再開したというので面接と筆記試験を受けたら、無事に合格。晴れて僕も建設組合の一員になりました。

ところで、アメリカで大工になるには、2つの方法があります。

1つ目は**民間の会社に就職すること。**時給は15～30ドルですが（スキルがあれば60ドルも可能。人によって差が大きい）、不法移民を積極的に雇う会社も多く、時給10ドルのひどいケースを聞いたこともあります。

会社勤めの大工は簡単になれる代わりに、ケガなどをして働けなくなったら即解雇だし、長時間労働の会社もあると聞きます。

健康保険や年金の質が悪い、あるいは何もないことも……。給与の不払いなどの悪い噂も多いです。

もう1つは、**試験をクリアして組合に所属すること**です（僕はこっち）。

組合が民間の会社に組合員を派遣するシステムで、質の良い健康保険を雇用者の家族全員に提供してくれるし、年金システムも完備されているので、アメリカで大工になりたい方がいたら（いるのか？）、こっちが断然お勧めです。

ニューヨーク州の組合では5年間の見習い期間があり、その間は一定の労働時間と年4回、1週間ずつ大工の技術学校に通う必要があります。

見習いは時給18ドル（場所によって変動）から始まって、徐々に上がっていきます。**2024年8月現在の僕の時給は、24ドルです。**

見習い期間を終了した大工はジャーニーマンと呼ばれ、時給は40ドル。雇用主が健康保険や年金の一部も支払っているので、実質的には時給80ドルぐらいのイメージです。

ただ、使えないと思われたら、すぐレイオフされてしまいます。**レイオフというのは、その現場が終わりに近づくにつれて人員削減されること。**「もう、この現場には人がいらないから一旦解雇ね。次の現場に行って」みたいな感じです。

レイオフされたら、組合に報告して「アウトオブワークリスト（失業リスト）」に自分の名前を載せてもらい、次の仕事を待ちます。

レイオフ中も健康保険はカバーされますが、給料はゼロです。オフの期間はさまざまで、6ヶ月くらい空いてしまうこともあります。

僕の場合、1年のうちだいたい2ヶ月くらいはレイオフ期間です。さらに1ヶ月間は大工の技術学校に行かなければいけないので、**1年間で平均3ヶ月は無給状態**になります。

僕は物作りが好きなのと、人とあまり話したくないので大工を選びましたが、実際の現場は、重い資材を運ぶ仕事がメインでした。

しかも周りはクセ強で、僕の「常識」がまったく通じない方ばかり。想像を遥かに超える地獄でした。

アメリカに来て「平和ボケ」してる自分に気づく

アメリカに住み始めて、日本の何が恋しかったかというと、夜の外出です。

日本に住んでいた時は、よく夜風に当たりながらコンビニまで歩いていって、ご飯やお菓子を買って帰ってきました。自販機でジュースを買ったり、マクドナルドでテイクアウトしたり。そんなこと、アメリカでは絶対に不可能です。

ガソリンスタンドにはコンビニもあり、片道徒歩15分ぐらいで行けますが、歩道がないので**道をぶらぶら歩いていたら車に轢《ひ》かれて死にます。**

この地域はそこまで治安が悪くないため、夜も家の周りを少し散歩するくらいはできますが、車が走っている道まで出たら、まず轢かれます。

気軽に歩いて買い物にも行けないことが、就労ビザ待機中はつらかったです。

日本人の自分は、やっぱり平和ボケしてるんだと思い知らされたのは、大工になってから道具を車内に置きっぱなしにしていた時です。大工道具を後部座席に置いたまま駐車していたら、大工仲間に「おまえ何してる。こんなの置いてったら窓割られて盗られるぞ」と注意されました。

僕はそれまでバッグも車内に置きっぱなしにしていたんですが、**アメリカでは荷物が見えていると、ガラスを割られて盗まれる可能性が高いです。**

それから、移住して間もない頃は、並んでいる列に割り込まれた時など、僕も相手に文句を言うことがありました。

でもこの国に慣れてきたら、とてもじゃないけどそんなことはできなくなります。**だって文句を言った相手が、もしも銃を持ってたら……。**

たとえば、ロードレイジといって、運転中に追い越されたことを恨んで煽り運転や進路妨害などの報復行動をするドライバーもいます。**相手が何を持っているかわからないので、嫌な目に遭っても怖くて何も言えません。**

大工の同僚にも、撃たれて腿《もも》に銃弾が入ったままの人がいます。駐車場でトラブルになった時に、相手の男がいきなりキレて何発も撃ってきたそうです。

「でもそいつ、下手くそでさ！　腿に一発銃弾が当たって中で砕けて、医者に行ったけど取り出す必要ないって言われて、まだこの中に残ってるんだ」

明るい口調と内容がミスマッチすぎて怖いです。

日本では危険物を持っている人がいても最悪ナイフくらいですが（それも怖いけど）、**アメリカではショットガンやアサルトライフルが出てくる可能性がある**のです。

皆さんは、デパートやお店に入る時に非常口を確認しますか？

あまりしませんよね。僕も日本ではしたことがありません。**でも、アメリカでは必ず非常口を確認するようになりました。**

今ここに銃を持った人が入ってきたらどうするか、どうやって逃げたらいいのか、常に頭の中でシミュレーションをして、警戒しています。

図書館にMacBookを持ち込んで勉強している時も、MacBookを狙われないようにびくびくしながら勉強しなきゃいけません。それがアメリカ。

ああ、夜中にコンビニ行って、おでん買いたいなぁ……。

家賃に28万円を払って安全と安心を買う

難民家は、ニューヨークシティから車で1時間半北に向かった町にあります。東京における青梅《おうめ》市辺りという感じでしょうか。結構、自然豊かな田舎です。

そこでタウンハウスの借家に住んでいます。タウンハウスは家を2つに切ってお隣さんとシェアする家です。間取りは寝室2つ、ユニットバス、リビング、キッチンです。洗濯機置き場はなく、コインランドリーを使っています。

家賃は毎月1900ドル（28万5000円）。

家賃28万って、どんだけ豪邸ですか。視聴者様から「海外難民のくせに」と言われますが、無理もありません。**日本で彼女と住んでいた部屋は6万円でした。**

そもそもアメリカの家の規格は日本より大きく、造りも違うので豪邸に見えるかもしれません。でも住んでいる家はアメリカでは一般的なサイズで、豪邸でも何でもありません。

「もっと安いところに引っ越すべきだ」というコメントをよくいただきますし、僕もそうしたいところですが、話はそう簡単ではありません。

僕の住む地域の平均家賃は、月に2500〜3000ドルぐらい。だから、この間取りで1900ドルはこの周辺では一番安いです。

また、橋を渡って川を挟んだ対岸の隣町に行けば、同じくらいの広さでだいたい1600ドルぐらいで借りられます。300ドルも安い。

ただし、**その隣町は全米でトップ50に入るほどの危険なスラム街**です。

空き巣に入られる、車上荒らしに遭う、夜は出歩けない、強盗に遭う、道でドラッグを売ってる、街に売春婦が立ってる、ギャングがあちこちで活動してる……。僕の友人はナイフで刺されました。

簡単に銃が手に入る社会なので、命を落とす危険があります。そこまでのリスクを冒して300ドル下げたいかと言われれば、絶対にノーです。

他州に引っ越すことも考えたのですが、僕は大工の見習い中で、その期間は他州への引っ越しは避けるよう組合から言われています。州ごとに学校のカリキュラムや卒業条件が異なるからです。

また、日本に帰って来ればいいという声もあります。日本に帰らない理由はいくつかあるのですが、**一番大きな理由は、僕に家族や身寄りがないから**です。

実は、僕は幼少期、中国人の母親1人に育てられ、日本人の父とは5歳以降、一度も会っていません。異国で女手一つで僕を育てるつらさからか、母は次第にアルコールに溺れるようになり、**僕は虐待やネグレクトを受けて育ちました。**

18歳までは児童養護施設へ出たり入ったりを繰り返し、高校卒業後に新聞奨学生制度（新聞配達をする代わりに新聞社が学費や宿舎などを提供する制度）を利用して、家を出ることができました。介護・保育の専門学校を卒業し、22歳で社会人に。

その後、母とはメールで数回連絡を取ったことはありますが、今は一切、連絡を取っていません。母は僕が今、結婚していることも、子どもがいることも知らないし、まさか僕がアメリカに住んでいるなんて思ってもいないでしょう。

難民家の子どもたちは、アメリカのおじいちゃんやおばあちゃん、親戚の方々が大好きです。彼らから家族を奪う権利は僕にはないと思っています。

僕は無能でお金もない男ですが、**どんなに生活が苦しくても自分と同じ思いを子どもにさせたくはないので、アメリカに残ると決めました。**

「日本の方が暮らしやすい」という自分の都合で、子どもを家族から引き離したくないのです。

地域によって大きく変わる「教育格差」

そもそも地価の安い土地に引っ越すと、子どもの教育にも影響します。

アメリカでも居住地によって通える公立校が決められていますが、学校は地域の税収で運営されるので、低所得層が集まる地域では学校の運営費が集まりません。学校にお金がなければ、当然、施設やプログラム、教師の質などが下がり、授業内容の質も下がります。そうなると、貧乏な地域の学校に通った子どもの学力は低く、裕福な地域の学校に通った子どもの学力は高くなりがちです。

それに、住む土地は教育格差だけでなく、安全の差にもつながります。

貧乏な地域は罪を犯す子どもや、ギャングに入っている子どもがウヨウヨいるのです。

だからアメリカの一部の学校では、生徒が銃やナイフを持ち込まないように金属探知機が設置されています。難民家の隣町の高校もそう。怖すぎです。

余談ですが、妻が出産で入院した病院にも金属探知機が設置されていました。病院がスラムのど真ん中にあったということもあり、病院に入る際の荷物検査もかなり厳重でした。「銃など危険物の持ち込みは禁止」という看板もあって、アメリカを感じました。

皆様も、アメリカを歩く際は気をつけてください。**ワンブロック違うだけで、全然違う危険な世界になることがあります。**

僕は副業のライドシェアでいろいろな街を走っていますが、隣町は犯罪率が非常に高いエリアなので、これまで夜間のライドシェアは控えてきました。簡単に銃が手に入るということは、いつ殺されるかわからないということ。

でも、大工の仕事がレイオフの時はそんなことも言っていられません。めちゃくちゃ緊張しながら走ってます。

教育の話に戻しますが、日本の公立校では基本的に全国どこでも同じレベルの教育が受けられますが、アメリカは地域によって教育の質が大きく変わってくるので、貧乏な地域に生まれた子どもはどうしても、貧乏から抜け出すのが難しくなります。

つまり、**貧乏な人はずっと貧乏で、その子どもも貧乏なままの可能性がある。**

だから、親としてはただ家賃の安いところを見つけて住むことはできません。自分の住む場所が子どもの未来も左右してしまうので、住む地域は慎重に選ぶ必要があるのです。

たまに、貧困家庭出身の子どもが頑張ってハーバード大学に入って成功した、なんて話もありますが、それほど頻繁にある話じゃありません。

やっぱり、**お金持ちの家の子はお金持ちで、貧乏な家の子は貧乏なまま。**アメリカンドリーム、どこ行った。世知辛い話です。

国民の半数が銃を持つ社会で生きるということ

アメリカでは一般人が簡単に銃を手に入れることができます。

庶民向けのスーパー、**ウォルマートでも銃が購入可能**です（2020年からは暴動による盗難を恐れて店頭に並べなくなりました）。

オクラホマ州やアラバマ州など一部の州には銃弾の自販機が設置されているスーパーもあるそうです。

「人より銃の数が多い」や「アメリカは銃の保有率で世界一」と言われますが、統計データ分析家の本川裕さんのサイト「社会実情データ図録」より、**アメリカ全世帯の半分近く（45%前後）が銃を所有している**というギャラップ社の調査[※1]もあります。

僕の周りでも、銃を所有している家庭は多いです。

特に、新型コロナによるロックダウンや黒人差別の抗議デモ（BLM運動）以降、銃の購入数が増加しています。また新型コロナ以降は、銃の発砲事件による犠牲者も増えています。

また怖いのが、スクールシューティング（学校での銃乱射事件）です。

年間数百件起きているんですが、そうなると**ほぼ毎日、どこかの学校でスクールシューティングによる無差別殺人が起きている**ということです。

小学校が狙われることもあり、子どもを持つ親としては怖くてたまりません。朝、子どもを学校へ送り出すたびに、今日も無事に帰ってくるかと心配しなければいけないのです。

「いやいや、銃を取りあげればいいでしょ」「なんで銃を規制しないの？」っていうのが日本人の一般的な考え方だと思います。僕も前はそう思っていました。

ただ銃を保持する権利は合衆国憲法でも保障されているので、そう簡単に取りあげることはできないのです。

アメリカには、「悪いのは銃じゃない！　殺人を犯した人だ」と主張する人がたくさんいます。

そして合法的に銃を所持している人が銃による犯罪を起こすことは少なく、50％ほどは違法に入手された銃で起きるそうです。

でも、手元にあったら使いたくなるのが人間だし、家にあったら子どもがいじってしまうんじゃないかと心配にはなります。

ただ、銃を持っている人の話を聞くと、きちんと教えれば、子どもは触らないと言います。しっかり教育すれば、キッチンにある包丁で子どもが遊ばないように、銃があっても基本的には大丈夫なんだと話していました。

先日は、僕の通っている大工の技術学校でも、学校をやめた生徒が逆恨みからなのか、**「銃を持って、これから学校へ乗り込んでやる！」**と

脅してくる事件がありました。

授業中に先生からアナウンスがあり、「怖かったら帰っていいよ」と言われたのですが、生徒は皆「こんなの普通だし」みたいにシラッとしています。先生も「車の中に置いてあるライフル持ってくるから大丈夫」とか言っています。

結局、僕を含めて誰も帰らず、誰も乗り込んではこなかったのですが、よく考えたらすごい話ですよね。先生、学校で銃撃戦でもするつもりだったのかな。

参照
※1　「社会実情データ図録」
https://honkawa2.sakura.ne.jp/8811d.html

子どもが1人で外出できない「自由の国アメリカ」

僕がアメリカに来て驚いたのは、**子どもが1人で歩いていたり、遊んでいたりすることがない**ということです。

日本では、子どもがある程度大きくなれば1人で留守番したり、店に買い物に行ったり、友だちと公園で待ち合わせて遊びに行ったりしますよね。**小学生が1人でバスや電車で通学することもあると思いますが、アメリカでは、まずそんな光景は見たことがありません。**

12～13歳までの子どもが1人で留守番をすることが禁止されている州もありますし、ニューヨーク州には「○歳以下が1人で外に出るのは違法」などの法律はないものの、「子どもが1人で出歩くなんてあり得ない」「常識的にダメ」という感じです。

「はじめてのおつかい」みたいな番組も、アメリカでは考えられません。

というのも、基本的にアメリカはA地点からB地点に行くまでの距離が半端なく遠いので、車を運転できない子どもは事故に遭うリスクが高まるのです。

また、**アメリカは誘拐される子どもが多く**、一説には家出の疑いも含め1日2000人以上の子どもが行方不明になっていると言われています。

子どもが1人で歩いていると、走行中の車にさらわれる危険があります。

それから、小さい子どもを家に残すことはニューヨーク州では違法ではありませんが、一応「12歳以下はやめようね」みたいな雰囲気があります。

だから、基本的にアメリカでは子どもを家に残して親が出かける時は、**近所の高校生などに短時間、子どもを見てもらうというベビーシッター文化があります。**

この日は両親ともに出かけるから、近所の高校生のベビーシッターを雇って3～4時間見てもらうという感じです。高校生や大学生のアルバイトで一番人気なのはベビーシッターかもしれません。

それにしても、**日本でアメリカは「自由の国」と言われますが、実際には全然自由とは感じません。**

銃や誘拐が横行しすぎて、子どもは1人で学校にすら行けないのです。学校への登下校も親が車で送迎するか、スクールバスを利用します。

夏休みに子どもたちだけで公園での虫取りなんて、もってのほか。

日本にいたことのあるアメリカ人たちも口を揃えて言いますが、子どもにとっては日本の方がずっと自由です。

アメリカ人の運転マナーはめちゃくちゃ。怖すぎる！

アメリカは日本の国土の約26倍ほどあります。だからアメリカで徒歩移動だけで生活するのは、よっぽどの都会に住まない限り不可能に近いです。難民家の周りにもバスや電車など公共の乗り物はほとんどありませんし、スーパーに歩いて行くとしたら、片道1時間は歩かないといけません。

僕が車で外出している時に、何らかの理由で妻が子どもを病院に連れて行かなければならないことになったら、車がもう1台ないと大変なことになります。「そしたら救急車を呼べば？」と思った方々、アメリカで救急車を呼ぶと数万〜数十万円程度の基本料金がかかり、さらに条件しだいでは料金が加算されて、とんでもない金額になることも珍しくありません。

だから、アメリカで車なしではとても生活できませんが、それにしても**アメリカ人の運**

転マナーはひどすぎます！

僕は平日に片道1時間かけて車通勤していますが、朝は特に違反が多いです。ニューヨークの高速道路の法定速度は、日本でいうと80～100キロくらいですが、皆さん130～160キロは出しています。まさに命がけの地獄通勤。

特にニューヨークの人は運転マナーが悪いと感じます。怒りに任せた煽り運転、不必要なクラクション、無謀なスピード違反、ウィンカーなしの車線変更は当たり前。僕はだいたい100キロくらいで運転していますが、**10分に1回は煽られ、後ろからハイビームをがんがん当てられてます。**

交通事故も1日1件は見ますし、通勤時は毎日事故で渋滞してます。特に雨や雪の日は、必ずどこかで車がひっくり返っていたり、ガードレールを越えて数メートルぶっ飛んでたり。**アベンジャーズが戦ったのかと思うほどの惨状**です。

2022年、東京都の交通事故数は、警視庁交通部のデータによると3万1170件[※1]とされていますが、２０２２年のニューヨークシティの自動車事故数は10万５０８件[※2]、東京の約3倍です。難民家も、交通事故の被害に遭っています。妻が運転していた車が、当て逃げされたのです。

妻は法定速度で走っていたのに、橋の上の道路で**法定速度の倍のスピードで走ってきたピックアップトラックが車線をはみ出してきて、妻の車に激突。妻の車はスピンして大破しました。**

妻の車には当時乳児だった長男も乗っていましたが、幸いなことに妻も子どもも無事。いや、これは本当に寿命が縮んでトラウマになる出来事でした……。

でも、相手はそのまま逃げました。相手が見

つからないと保険料が上がるので困っていましたが、1週間後、橋のカメラ映像から犯人が特定されました。

保険会社同士の裁判が始まると、相手が「妻側にも20%の過失がある」とか言い出して呆れ返りましたが（妻は法的速度で走っていただけ。そこにいたことが悪いというのか）、最終的には相手の100%過失が認定されて（当然です）、補償金を受け取ることに。**ただ、その補償金は現在の車の価値で支払われるため、購入時の金額の60%程度しかもらえませんでした。**

実は、その当時はもう少しでローン完済になり、当て逃げされなければ毎月300ドルのローンがなくなる時期でした。それが、車の大破でまた別の車を買わなければいけなくなったのです。

結局、補償金でその車のローンを完済し、残りは新しく買う車の頭金に当てましたが、僕らはまたローンを払い続ける生活に戻ります。**当て逃げがなければ、生活も少しラクになったはずなのに……。**

世の中ってほんとに理不尽です。

参照

※1 新宿区みどり土木部交通対策課「安全で快適なまちに 令和6年版（令和5年交通統計）」より
https://www.city.shinjuku.lg.jp/content/000375555.pdf

※2 ジェイ・S・ニスペル法律事務所／人身傷害弁護士「NYCの自動車事故統計―2024年3月更新」より
https://jknylaw.com/new-york-car-accident-lawyer/statistics/#:~:text=In%202022%2C%20there%20were%20100%2C508%20accidents%20in%20NYC

軽い飲酒をしてからフツーに運転するアメリカ人

アメリカに来て驚いたのは、お酒を飲んでから運転する人がいることです。それも結構な数の人が、パーティなどで軽く何杯かお酒を飲んでからフツーに車を運転して帰っています。

なぜなら、**アメリカの飲酒運転の基準は日本よりもゆるい**からです。

日本では「飲んだら乗るな、乗るなら飲むな」が常識で、正確には血中アルコール濃度が0・3mg／mℓ以上になると「酒気帯び運転」になりますが、**アメリカでは一般的に血中アルコール濃度が0・8mg／mℓ未満であれば運転しても問題ない**とされています（年齢や免許証の種類によって違いがあります）。

ただし、**飲酒運転で捕まった時の罰則は、アメリカの方がずっと厳しい**です。

飲酒運転で捕まると、初回でも一定期間の免許停止と罰金が科せられることがあり、2

回目以降は懲役刑になることもあります。

僕の知り合いのMさんは、20代の時に2回も飲酒運転をして捕まり、免許を取りあげられましたが、それから10年以上たってもかなり苦労しています。

車を運転できず、自分1人では自転車の移動範囲でしか仕事ができないので、仕事先が選べません。今は近所の洋服屋さんで働いていますが、彼はずっと最低賃金の時給だそうです。

また、奥さんと離婚する際も、車での送迎ができないために息子さんの親権争いでMさんはかなり不利になってしまいました。

アメリカは完全なる車社会なので、車に乗れなくなると人生詰むのです。

Mさんは、最近ようやくインターロック（エンジン始動時にドライバーの呼気中のアルコール濃度を計測し、規定値を超える場合はエンジンがかからないようにする装置）付きの車なら運転できるようになりました。

ただ、免許を取りあげられてしまったので、免許の取り直しに何十万円も払う必要がありました。やはりいろいろ大変そうです。

ちなみに、日本では自転車に乗って通学や通勤をしたり、買い物や遊びに行ったりする人がたくさんいますが、アメリカでは、都市に住む人以外は生活する上でまず自転車は使いません。

また、日本のように親が子どもをママチャリの前や後ろに乗せている光景も見たことがありません。

やはり自転車で移動するには広すぎるし、**猛スピードを出している車の横を、子どもを乗せて走るのはどう考えてもヤバすぎる**からでしょう。

アメリカで自転車といえば、マウンテンバイクやクロスバイク、ロードバイクなどのスポーツ系がメインですが、それでも車の横を走行中に轢かれて亡くなってしまったというニュースをよく聞きます。

都会のニューヨークシティでは自転車を使っている人もいます。子どもを乗せたトレーラーを自転車で牽引するチャイルドトレーラーもたまに見かけます。

ただし、アメリカでは、何重にロックやチェーンをつけておいても簡単に切られて速攻で盗まれてしまうそうです。

陰キャに多すぎるパーティはつらい……

アメリカで陰キャの僕を密かに苦しめているもの……それはパーティ。
日本と比べて、アメリカでは家族や友だちで行う行事があまりに多すぎます。
たとえば結婚に関するものだけでも、たくさんあります。全アメリカ人がやっているわけではないと思いますが、僕の周りで行われている行事を紹介します。

地獄の結婚行事1：エンゲージメント

婚約カップルが家族で食事する行事。新郎新婦の家族が集まり、どうやってプロポーズしたかの話で盛り上がります。

地獄の結婚行事2：エンゲージメントパーティ

家族や仲の良い友人が集まる会。どうやってプロポーズしたかで再び盛り上がります。

最初のパーティに参加したメンバーはまた同じ話を聞くわけですから、地獄度マシマシです。そもそも、すでにエンゲージメントという名目でパーティをしているのに、再び集まる意味がわかりません！

地獄の結婚行事3：ブライダルシャワー

結婚式に参加する予定の女性全員が参加。100〜500ドルくらいのプレゼントか現金を持っていきます。持っていくプレゼントがかぶったら面倒なので、新婦が作った「欲しいものリスト」を見ながらプレゼントを購入します。安いものでもいいのですが、仲の良い友だちや親戚は高めのものを買うことが多いです。

地獄の結婚行事4：バチェラーパーティ

結婚前の男性が友だちとストリップクラブに行ったり飲みまくったりします。ちなみに女性もバチェロレッテパーティで同じようなことをします。はい、男性のストリッパーも存在します。

新郎にはグルームズメンと呼ばれる仲良しの男性たちが、新婦にはブライズメイズと呼ばれる女性たちがいて、この人たちが３００〜１０００ドルくらい払います。僕も行いましたが、グルームズメンはアメリカで出会ったばかりの友人でした。

ただ僕の場合、妻と妻の姉、数人の友人でストリップクラブに行きました。あれほどストリップクラブでテンパっている陰キャはいなかったはず……バチクソ帰りたかったです。

地獄の結婚行事5：リハーサルディナー

実際に結婚式のリハーサルをするわけではなく、新郎新婦、親、近い友人が集まって食事をします。レストランで行われ、支払いは新郎の親がします。

地獄の結婚行事6：結婚式

カップルで出席するなら、２００〜３００ドルのご祝儀を払います。

ここまでが結婚関連の行事です。**アメリカ人、どう考えてもパーティしすぎ！**

難民家が特によく出席するのはブライダルシャワーと結婚式です。以前、５人の友人が一斉に同じ月に結婚した時は、ご祝儀でむちゃくちゃ大変でした。

パーティは、結婚の時だけではありません。

子どもが生まれた時には、**ジェンダーリビール（性別発表パーティ）**、**ベイビーシャワー**、**1歳の誕生日記念パーティ**などが続きます。

その他に年間を通じて、**イースター**、**独立記念日**、**ハロウィン**、**クリスマス**などを祝います。

僕が個人的に一番無駄だと思っているのが、時々行われる大人の誕生パーティです。子どもならまだしも、30歳以上の誕生パーティってどうなんですかね……？

異常すぎるクリスマスの出費

アメリカのクリスマスは恋人同士よりも家族で集まります。そしてプレゼントを贈り合うのですが、家族の数が多ければ多いほど出費がかさんでいきます。知り合い数人に**クリスマスプレゼントにいくら使うか聞いたところ、だいたい1000〜2000ドル（約15万〜30万円）**と答えた人が多かったです。

実際にアメリカではクリスマス前になると「さあ、お金を使わねば！」という雰囲気になってきて、皆が血眼《ちまなこ》になってプレゼントを買い始めます。まさに地獄。

難民家も、妻の父母、妻の姉、妻の姉の旦那さん、妻の兄、妻のいとこ、妻のお母さんのきょうだいたち、そして子どもたちなど親戚が数十名は集まります。

以前は、その親戚たちが持ち寄ったプレゼントを、年齢が上の人から順に開ける儀式をしていました。

一つひとつ確認して、開けては御礼と感想を言い合うのですが、**ひと通り終わるまでに5時間以上かかります……。**

そこで、僕と妻はギフト交換を効率化させる運動を始めました。

まずプレゼントの中には、正直よくわからないものや欲しくないものもあります。

クリスマスはさまざまな親戚からプレゼントをもらうので、家中がいらないもので溢れる時期です。

クリスマス翌日には、お店の返品ラインに行列ができるくらいです。

そこで、**事前に親族間で欲しいもののリストを共有し、「50ドルまで」というルールが設定されました。**

でも、最近そのルールを律儀に守っているのは僕と妻だけだったりして、時々すごく気まずい思いをすることがあります。

クリスマスといえば、難民家では毎年クリスマスツリーを買っています。

「金に困ってるくせにツリーなんて買うんじゃねえ」とコメントをいただくこともありますが、今のところ、何とか工面しながら毎年クリスマスツリーを買っています。

僕の子ども時代のクリスマス唯一の思い出といえば、10歳頃、アルコール依存症だった母親にワインを買いに行かせられたことでした。

暖かい店内に入ると、大きなクリスマスツリーと、楽しそうに買い物する親子が見え、羨ましさとほっとした気持ちが入り交じっていたのを覚えています。でもその帰り道、地面が凍っていたため滑って転び、僕はワインを割ってしまいました。

泣きながら家に帰ると、母親は僕を怒鳴りながらボコボコに殴り、マンションの屋上に連れて行ったのです。さらに母は僕に屋上の柵を越えさせて、「柵から手を離せ！」と言ってきました。

何とか放してもらったその晩、僕はマクドナ

ルドの当時88円のハンバーガーを食べて眠りにつきました。

だから、クリスマスツリーが自分の家にあると、まるで異世界にいるような、特別な気分になるのです。

もちろん自分たちのクリスマスツリーを持つことは妻の夢でもありますし、息子もツリーが大好きなので、これからも買えるよう頑張ろうと思っています。

第2章

物価高過ぎアメリカの「お金」の悩み

頭がおかしいのではないかと思うほど上がった生活費

日本でも物価高で苦しんでいる方が多いと思いますが、アメリカでは多くの人が日本以上の急激な物価高に苦しんでいます。

1ヶ月生活するのにどれくらいかかるのか、難民家のお金の内訳を紹介します。

まず食費ですが、僕が２０１９年に移住した頃から、アメリカの食費の高さには驚かされてきました。

その後、パンデミックが始まると、食費はどんどん高騰していきます。２０２３年頃までは月に１０００ドル（約15万円）くらいが食費に消えていましたが、２０２４年の前半からは少しずつ落ち着いてきました。

現在の食費は、家族４人（大人２人、幼児１人。乳児１人は食費がかからず）と猫１匹で、月に７００ドル（10万５０００円）程度になります。

家賃は月に1900ドル（28万5000円）です。

僕がアメリカに移住してきた当時の家賃は1500ドルでした。例のウイルスが大流行して以降、ニューヨークシティからこの地域にたくさんの人が流入してきました。人が密集する地域を怖がる人が多かったからです。

そのため、ここの人口が急増し、しかも高収入なシティの人たちが押し寄せてきたために家賃や不動産価格が一気に上がりました。**その結果、3～4年の間に400ドル（約6万円）も家賃が上がっています。**

ただ、1900ドルはこの地域ではかなり安い方です。YouTubeでは相変わらず「難民のくせに豪邸に住んでいる！」とお怒りのコメントをいただきますが、細かなところはボロボロだし、壁が薄いのでお隣の音は丸聞こえです。

次に光熱費は、合計で月300ドル（4万5000円）です。**ニューヨークの冬は気温がマイナス15度になることもある地獄の寒さ**で、パイプが破裂してしまうのを防ぐため暖房を24時間つけっぱなしにしないといけないので、光熱費は異常に高くなります。

次は車のローンです。アメリカは車社会で、この辺りは1人1台車を持っている家が多いです。難民家も2台あり、ローンの支払いに600ドル（9万円）かかります。そして保険費用が月に260ドル（3万9000円）です。アメリカの健康保険は民間会社が運営していますが、大工組合に入ると、家族全員に質の良い保険を提供してくれます。これが、僕が大工組合に勤める一番の理由です。

この他で大きなものに、車のガソリン代が480ドル程度（7万2000円）、通信費が250ドル（3万7500円）、結婚式などの交際費200ドル（3万円）などがかかります。その他、子ども服、オムツ、コインランドリー代で110ドル（1万6500円）と細かい出費もあります。

ということで、現在の**難民家の毎月の支出は、約4800ドル（72万円）**です。

日本と比べるとすごく贅沢しているように見えるかもしれませんが、**ニューヨークシティの生活費は家族4人で月に平均7800ドル（約117万円）**、家族3人で平均5890ドル（88万3500円）なので、難民家は安く抑えられている方だと思います。

移住当時（2019年）の生活費は月3400ドル（51万円）でした。そこから5年間で1400ドルも増えています。

長男の分は増えたものの、まだ小さいので食べる量は少ないし、生活水準を上げたわけではありません。

パンデミックと戦争による物価の高騰で、頭がおかしいくらい生活費が上がったことが原因です。

毎月、借金を増やしながら生活してます……

さて、月に約70万円もの生活費を、一体どうやって稼げばいいのでしょうか。

僕の職種は大工ですが、**見習い期間3年目なので、今の時給は24ドル（3600円）になります。** 月の平均額は2880ドル（43万2000円）ぐらい。

そこから税金がおよそ26％引かれて、約2100ドル（約31万5000円）になります。

また、アメリカで働く時は基本、会社から交通費が出ません。 平均して月に360〜480ドル（5万4000〜7万2000円）くらいかかります。

また、大工は道具代が自腹になります。一応、電気ツールなどは会社支給ですが、手動で使う工具はすべて自己負担です。

消耗したり、なくなったり、盗まれたりで毎月100ドル（1万5000円）くらい使

1ヶ月の生活費（1ドル150円で換算）

家賃	1900ドル（28万5000円）
食費	700ドル（10万5000円）
光熱費	300ドル（4万5000円）
車のローン	600ドル（9万円）
保険料	260ドル（3万9000円）
ガソリン代	480ドル（7万2000円）
通信費	250ドル（3万7500円）
交際費	200ドル（3万円）
子ども服・オムツ	30ドル（4500円）
コインランドリー代	80ドル（1万2000円）
※突発的な医療費は除く ……**合計**	**4800ドル（72万円）**

収入／2880ドルから税金、交通費、大工道具代、組合費を差し引いた額　**1440ドル（約21万6000円）**

います。アメリカでは一度なくしたら確実に盗まれます。名前が書いてあっても、おかまいなしです。

さらに、大工組合に毎月200ドル（3万円）の組合費を払う必要があります。

ということで、**ひと月の手取りはおおよそ1440ドル（約21万6000円）**です。1年を通してみると、月の平均手取り額は20万～22万円くらいになります。

ただし前にも触れたように、大工は1年中仕事があるとは限りません。**レイオフ（解雇）期間が2ヶ月くらい**はあります。

また、僕は見習い中なので年に1ヶ月間は技術学校に行かないといけませんが、当然これらの間のお給料は出ません。だから、1年のうち3ヶ月間は無給になってしまいます。

このように、**大工の仕事だけでは生活費が足りないどころか、とても家賃にも届かないのが現状**です。

そこで、大工の仕事が終わった後の夜間や週末などに、フードデリバリー、ライドシェア、YouTubeなどの副業で何とか生活費を工面しています。だいたい本業と副業合わせて年収４万２０００〜４万８０００ドルになります。

日本円だと、**月収約52万〜60万円、年収だと約６３０万〜７２０万円**なので、「普通に生活できるじゃん」と思われる方々もいるかもしれません。

しかし、**アメリカの物価は日本の2倍、いや３倍くらい高い**のです。

難民家では外食はしませんし、服を買うのも子どもの分だけで、僕と妻は移住後まったく服を買っていません。もちろん、趣味や娯楽などの贅沢もなし。

それでも、毎月キッツキッツの生活です。特

にレイオフ中で給与がない時期は、地獄です。

仕方なくクレジットカードで借金をしていますが、それでも足りない時は妻の親御さんに借金をしていました。ただ心が苦しすぎて、**「今日は20ドル……」「今日は10ドル……」みたいに頭を下げて、少しずつ借りを重ねる日々。**

おかげさまで、最近はYouTubeの収益で少しずつ返せるようになってきましたが、まだ完済の目処はついていません。

それどころか、今も来月の給与の保証もないし、来月の家賃が払えるかもわかりません。アメリカでは家賃を払えなければ、最短30日で追い出されてしまいます。

ただただ借金を増やしながら生きている自分に深く絶望します。

圧倒的に高すぎるアメリカの食費

移住したての頃、妻と初めてスーパーに行った僕は、会計で目玉が飛び出るかと思いました。当時は2人暮らしでそれほど大量に購入していないのに、合計で150ドル。当時は1ドル108円だったので、脳内の中年おじさんが**「おい、これしか買ってなくて1万6000円だってよ！」**と大声を上げていました。

それから例のウイルスが大流行し始め、食べ物一つひとつの値段が徐々に高騰していきます。特に、卵や鶏肉、乳製品が顕著に上がりました。

今は幸いにもパンデミック前に比べて若干、安定してきました。**一時期、卵が1パック（12個入り）1000円**にまで上がって、皆が途方に暮れていましたが、今はだいたい600〜750円になりました。この間は1パックで2ドル（300円）のセールを見て、妻が狂喜していました。

それでも、難民家の1ヶ月の食費は月10万円超え。

日本ではフォアグラでも食べて贅沢してるんじゃないかと思われそうですが、**アメリカで月10万円の食費はかなり節約している方だと思います。**

夫婦でほぼ毎食自炊していますし、買い物は基本的にまとめ買いです。

たとえばシリアルや洗剤などはアメリカで一番安いと言われるウォルマートで大容量のものを買い溜めしておき、肉や野菜などちょこちょこした買い物は、いつも行くスーパーで1週間分を買っておくなどの工夫をしています。


ところで、僕は日本食が好きですが、幸いなことに妻も好きでよく作ってくれます。

醬油、みりん、酒、米などはアメリカのスーパーでも売っています。それ以外の調味料や食材は某日系スーパーには売っていますが、高すぎて今までにたった2回しか行ったことがありません。

某日系スーパーは、難民家から車で1時間ぐらいのところにあります。スーパーの他にも紀伊國屋書店やダイソーなど日系のお店が集まっていて、まさに「日本を切り取りました」という感じです。

ここには日本の食材がたくさんあって嬉しいのですが、価格は日本の約3〜4倍！

税金の確定申告後、まとまった還付金が入ってきた時に、「年に一度の贅沢だから」と自分に言い聞かせながら、恐る恐る行ったことがあります。

ただ、すぐに会計が400ドル近くまでいって大後悔しました……。

そして、その時の動画をアップしたら、視聴者様からこんなコメントをいただきました。

「もっと安く買えるオンラインの『Weee！』があるのに、日系スーパーに行くなんて贅沢すぎる！　難民なのに」

そんな内容が書かれていたことに後から気づきました。

それで、「え、オンラインで日本の食材が買えるの？」とびっくりして調べてみたら、買えるんですよ。しかもそこまで高くない。

送料は3回まで無料だし、時々セールもやっていたりします。この間は、カゴいっぱいに入ったレンコンが3ドルでした。激安です！（宣伝ではありません）

すごいぞ「Weee！」。在米の日本人の皆様はご存じで、僕だけ知らなかったのでしょうか（日本人の友人が周囲に1人もいない悲劇）？

でも、その方にはすごく助けられました。

どちらかというとお叱りのコメントだったのですが、渡米5年にしてようやくこういうサービスがあると知って、単純に嬉しかったです。

コメントをくださった方、本当にありがとうございました！

アメリカ人がクレジットカードをよく使う理由

それにしても、アメリカ人はこんな物価高で一体どうやって暮らしているのかと思う方も多いと思います。

アメリカ人の多くは、クレジットカードを使ってローンや買い物をしていますが、**ほとんどのアメリカ人に借金があると言われています。**毎月その利子を払いながら、さらにクレカを使い続けて残高を増やしている人が多いです。

アメリカには、**「クレジットスコア」**というシステムがあります。これはお金の成績表みたいなもので、アメリカではとても重要なものです。

クレジットスコアというのは、ローンや使用額を期限通りに支払うとポイントが上がり、支払いが遅れるとポイントが下がるシステムです。

次の図のように、ポイントが700〜800台だと「素晴らしい！」のランクになり、

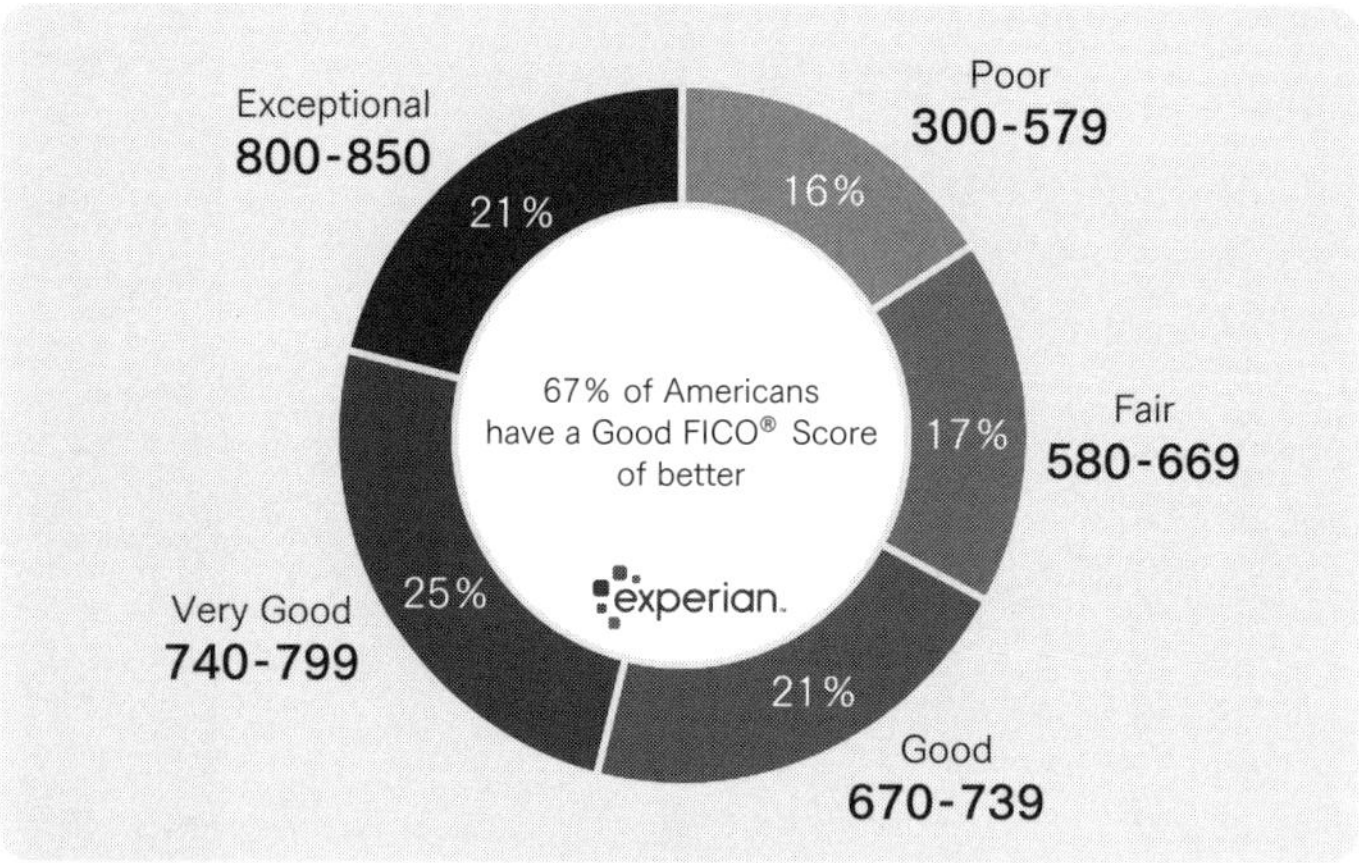

https://www.experian.com/blogs/ask-experian/credit-education/score-basics/what-is-a-good-credit-score/より

600台だと「まあまあ」、そして300〜500台が「おまえはクソ」になります。キビしいです。

そしてこのクレジットスコアが高い人はローン借入れ時に安い金利で借りられたり、賃貸の入居審査が通りやすくなったりします。

反対にクレジットスコアが低いと、職種によっては条件のいいローンや部屋を借りられなかったり、就職試験にも影響したりします。

またクレジットスコアは自動車保険にも関係していて、スコアが低いと毎月の支払いが高くなります。だからクレジットスコアが低いと、アメリカでは本当に生きにくいのです。

クレカは使わなくてもスコアは下がりませんが、クレカを使って、毎月しっかり返せばクレジットスコアが上がっていきます。**クレカを適切に使いながら、残高をきちんと返していくことが重要みたいです。**

アメリカでは多くの人がクレカで支払いをしますが、現金を持ち歩くと盗難のリスクが高くなるのに加えて、クレジット履歴を多く残すために利用します。

その結果、パンデミックで物価が異常なスピードで上がってからは生活費が足りなくなり、クレカだけに頼ってしまう人が急増しています。

以前、大工組合の先輩が**「最近ヨット買ったんだよねー」**と言っていました。

今、ニューヨークの生活費は家族4人で年に9万3600ドル程度（1404万円）ですが、組合の独り立ち大工の収入は年間ぶっ通しで働いても7万4000ドル（1110万円）。

さらに税金で約25％も取られて手取りが減ることを考えると、共働きでもヨットなんて買う余裕はないはず。

それでも、アメリカでは割と大きなものをローンで買う人をよく見かけます。

日本で「最近ヨット買ったんだよねー」なんてバブルなことを言う人を見たことはありませんが、アメリカでは多額の借金を抱えながら超でかい家に住み、高級インテリアに囲まれ、週末は広い庭でバーベキュー、高級車やヨットを乗り回す生活をしている人もいます。

うつ病の薬を飲んで、無理やりキラキラ生活を演出している人もいます。

人生、楽しんだもの勝ちですからね（それでいいのか）。

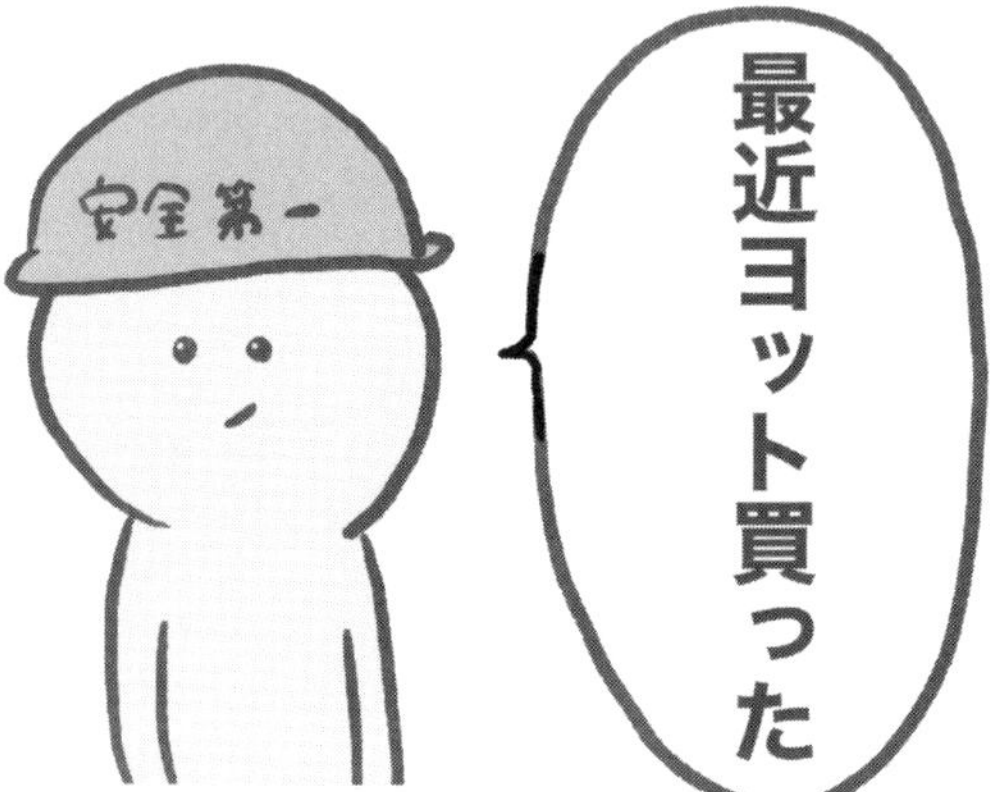

急激に上がった物価で妻の親に借金することに

かく言う僕も、クレカの残高（借金）があります。

クレカは主に車のメンテナンス代や生活費が足りない時に使用しています。難民家のクレカの借金額は、２人合わせて３０００ドル（約45万円）です。

さらに車のローンがあります。僕の車は８０００ドル（１２０万円）、妻の車は１万ドル（１５０万円）残っています。

そして、移住後しばらくは就労ビザを持っていなかったため、当然、僕の収入はゼロのままでした。さらにクレジットスコアがついていない僕はクレカで借金もできず、足りない分を妻の親御さんに借りていました。

その後、大工の仕事やYouTubeを始めたことで少しずつ返せていたのですが、後でお話しするように、２０２３年から大学に入学したので夜間に副業をすることが難しくなってしまいました。

そこで生活維持のため、妻の親御さんから、さらに借金するようになりました。

結局、妻の親御さんからの借金合計額は徐々に膨らんでいって、今は9000ドル（約135万円）になっています。

結局、難民家の今の借金額は、**合計3万ドル（日本円で450万円）となります。**

「難民家が贅沢しているだけじゃないの？」と思われるかもしれませんが、借金問題はアメリカ全土におよびます。

2024年1～3月のアメリカ国民の借金額は約2769兆5200億円[※1]にもなりました。

その内訳は、主に住宅や車のローンだそうです。一般的に**アメリカでは住宅、学費、車は良い借金**と言われています。車は生活必需品だし、住宅は買えば将来的に自分の資産となり、学費は学校を出てから良い仕事に就くことにつながるからです。

問題なのは、こういう借金ではなくて、生活費のための借金です。

パンデミック以降、物価が異常なスピードで上がりましたが、残念ながら給与はそこまで上がっていないため、アメリカ国民の生活はキッツキツです。

たとえ給与が上がっても、それ以上に生活費も上がります。特に品質が良くなったわけでも、量が増えたわけでもないのに、生活費や家賃が恐ろしい勢いで上がっていくアメリカ。

そのため、ニューヨークには一時期ホームレスが爆発的に増えました。その中には少し前まで普通に会社で働いていたような方々も含まれます。

アメリカは、日本の正社員のような雇用を保障してくれる文化ではなく、翌日出社したら、いきなり解雇を言い渡されるような国です。そして、家賃が払えなければ家を追い出され、路頭に迷い、しまいにはホームレス……。

ある金融会社の調査で**アメリカ成人の56%が「緊急時の出費1000ドル（15万円）を払えない」と言っている**[※2]そうです。つまり国民の半分くらいは貯蓄もままならない状況にあるということです。1000ドルっていうと大きい金額に聞こえるかもしれませんが、アメリカだと結構簡単に飛んでいきますよ！

多くの家庭がインフレの影響で貯金ができず、クレカが使えなくなったり、予期せぬお金が必要になったりした時に払えない人も多いのです。だから、アメリカでは本当に一瞬で転落します。

難民家だって、いつ家族でホームレスになってもおかしくないのです……。

参照

※1　ブルームバーグ「米家計債務が過去最大、インフレ直撃で返済遅延も増加―NY連銀調査」
https://www.bloomberg.co.jp/news/articles/2024-05-14/SDHEB6T0G1KW00

※2　FOXビジネス「ほとんどのアメリカ人は1000ドルの緊急出費を払う余裕がない」
https://www.foxbusiness.com/economy/most-americans-cannot-afford-1000-emergency-expense

加入している保険しだいでは死に直結する!?

アメリカと日本とで、大きく違うものに医療費があげられます。

そして、アメリカで病院に行くのは結構大変だと思うようになります。

なぜなら、医療費がバカげているからです。

たとえば以前、僕がアレルギーを診てもらうために病院に行った時は1490ドル、約22万円もかかりました。**30分ぐらいの面談で、軽く現在の体の状況について話をしただけで、まさかの20万円超え。**

まあ、普通のお医者さんではなく専門医なので高いのは覚悟していましたが、それにしても、この値段はちょっと高いです。

ただ、その時は大工組合の保険があったので、全額カバーされました。ありがたや。もしこの健康保険がなかったらと考えると、ゾッとします。

前にも触れましたが、アメリカでは働かないと保険には入れません。ロイターの情報によりますと、**アメリカでは約3000万人の人が無保険**[※1]なのだそうです。

国と州が運営する健康保険「メディケイド」もありますが、これは本当に貧乏な人でなければ受給できません（難民家も一時期お世話になっていました）。

大工組合でも、1〜6月の間に600時間の労働、6〜12月の間にさらに600時間働いて健康保険をもらえる仕組みになっています。

また、雇用先が保険を提供していますが、大工組合のように条件の良い保険を提供しているところもあれば、中には質の悪い保険を提供している会社もあります。

質の悪い保険というのは、病院の窓口で払う金額が高かったり、その保険でカバーできる治療の数が少なかったりする保険です。

オフィスワークだからとか、給与が高いからという理由だけで仕事を選んでしまうと、命取りになることもあるのです。

一般的には、公務員や組合のワーカーには質の良い健康保険が支給されると言われています。

僕の勤める大工組合も、家族全員を対象に、質の良い最強の保険を保障してくれます。
ただし、この組合でも最近は保険の種類が変わり、質が落ちてしまいました。

また、ある時期から病院に行くたびに500ドル、1000ドルなど、治療内容に見合わない多額の請求が来るようになりました。
おかしいと思って保険会社に問い合わせ、すったもんだの末にようやく病院の誤請求が確認できました。が、問題が解決しても、次に病院へ行った時にまた同じことが起きるのです。消耗します……。

どうやら、**保険の種類が増えすぎて、病院の業務が複雑になっていることが原因**のようです。「この保険ではこの治療をカバーできるけど、この治療はカバーできない」ということがあるので、病院も誤請求だらけになってしまうのです。
パンデミック以降、患者の数が増えすぎていることも原因の一つです。患者も保険も煩雑すぎて、完全に機能していない病院も多いそうです。

だから、**日本みたいに「ちょっと風邪引いたみたいだから、病院行ってみるか」**なんて

気軽にできないのです。骨折しても病院に行けないような人もいます。

その反対に、最高ランクの健康保険に加入している人は病院で一切並ばなくても良いなど、高ランクの治療を優先的に受けられます。

参照

※1　ロイター「焦点：米経済に有益な医療制度、トランプ案かバイデン案か」
https://jp.reuters.com/article/world/-idUSKBN27I0CV/

アメリカで歯並びの悪い人を見ない理由

僕は保険証を3枚も持っています。**健康保険証、眼科の保険証、歯科の保険証**です。アメリカでは勤めている会社が民間の保険会社の健康保険を提供しますが、大工組合では、眼科と歯科はそれぞれ別の保険会社を扱っています。

以前、僕の奥歯が欠けてきたので歯科医に行ったのですが、その際にはかなり苦労しました。どこの歯医者に電話をしても、**新しい患者は診ていない**と断られるのです。

僕の住む地域にニューヨークシティから大量の人が流れ込んできたため、人口がパンク状態で、病院や歯医者の予約は3ヶ月待ち。しばらく探し続けて、ようやく診てくれる歯医者を見つけました。

診察では、先生が口内をチェックして「ルートカナルが必要ですね」と言いました。僕の奥歯には虫歯に侵された箇所と神経が3～4本あったので、それらをきれいに取り除き、歯の中に詰めものをしてクラウンを歯にかぶせる施術です。

1回目の診察は、約30分で130ドル（1万9500円）。

ルートカナルはスペシャリストによる手術が必要になるため、その日は紹介状をもらって帰ってきました。

その後、ルートカナルのスペシャリストのもとで2日間にわたって手術が行われました。会計は2日で700ドル、日本円で約10万円です。

僕の歯科保険では、700ドルのうち300ドル（4万5000円）が自腹でした。その後、かぶせものにも400ドルかかりました。

アメリカでは受ける治療によって、保険ごとに適用されるパーセンテージが違ったり、適用されなかったりもするので、いちいち事前に保険会社に電話して確認を取らなければいけません。本当に面倒です。

ルートカナルの手術後、クラウンの処置が必要になるので、また最初の歯医者で予約を取りました。日本では1ヶ所の歯医者で完結した記憶がありますが、**アメリカでは違う歯科医を行ったり来たり。**面倒くさくてたまりません。

ところで、アメリカでは歯がものすごく重要視されています。

5年くらいアメリカに住んでいて、これまでに**歯並びの悪い人を1人も見たことがありません！**

アメリカでは30万円くらいから矯正ができることもあって、だいたいの人が若いうちに済ませています。

以前、友人に「アメリカで歯並びの悪い人を見たらどう思う？」と聞いたことがありますが、友人は「その人の親がすごく貧乏だったんだなと思う」と言っていました。

そして、友人のクラスメイトにも貧乏な家庭の子どもがいたけれど、**どんなに家が貧しくても、子どもの歯は必ず矯正していた**そうです。

皆さん、ローンをしてでも歯の矯正はするようです。

ちなみに、日本人の歯並びが悪いことは結構有名なようで、ソーシャルメディアでもそういう話題をよく見かけます。

日本でも矯正歯科治療は進んでいるので、きっと単純に歯に対する考え方や文化の違いだと思いますが、あまりにもアメリカ人の歯並びが完璧すぎて、最近は自分の歯がコンプレックスになってきました……。

「予防」の考え方が徹底しているアメリカ

日本では国民健康保険が充実していて、歯科も3割負担が適用されるので、虫歯になってから治療をしても大してお金はかかりませんが、**アメリカでは虫歯で1000ドル（15万円）くらい（保険なしだと）簡単に飛んでいきます。**だから、アメリカでは普段からお金をかけて予防しておいた方が、結果的に損しないことが多いです。

早めに病院に行っておけば数万円程度の治療で済んだのに、症状が悪化してから行ったら10万ドル（1500万円）以上もかかってしまった、みたいな話はよく聞きます。

歯も頻繁に歯科医でクリーニングとチェックをしてもらえば虫歯になりにくくなりますが、保険を使えば半年に1回無料でクリーニングしてもらえることが多いので、**きちんと保険料を払っておいた方が結果的に安く済みます。**

だから、**アメリカ人って何でも予防、予防、予防、予防……という感じ**です。

食べ物でもオーガニックを選ぶ人が多いし、オーガニック食材を売っている店や食べられる店も豊富です。

でも、日本にはオーガニックを主に扱う店って少ないですよね。そもそも日本では「オーガニック」という言葉に抵抗を感じる方が結構いますが、きっとオーガニックは高くて贅沢品というイメージがあるのでしょう。

それは、日本にはいい医療制度が備わっているからだと思います。

日本だと病気になったら、病院に行って治せばいいと考えますが、**アメリカでは病気になったら終わり。**だから普段から体に入れるものにはお金をかけて、ジムで体を鍛え、病気にならないようにしているのです。僕も日本にいる時より、ずっと健康に気をつけるようになりました。

健康保険にも1年に1回の無料健診が組み込まれています。つまり「病気になる前に各自で自己管理してくださいね」ということです。

「予防」という意味では、自動車も同じです。初期費用を抑えようとして古い中古車に乗っている方を知っていますが、数ヶ月に1回は故障して、修理代が大変なことになっています。

アメリカでは車がないと何にもできないので、車が突然壊れて仕事に行けなくなってしまったら、大変です。僕も大工の仕事に行けないし、副業のフードデリバリーも、ライドシェアもできません。スーパーにも行けなくなります。

また、壊れた中古車を運んで修理してもらうのにもお金がかかります。だから、**初期費用の安い中古車より、新車を選んだ方が結果的にはいい**と思っています。

それに、問題はお金だけではありません。

前に述べたようにアメリカはスピードを出す人が多く、大事故も多いです。

妻が当て逃げされた時、妻の車は中古車でしたが、ほぼ最新のモデルでした。そのため、車はボロボロに大破したものの、ぶつかった瞬間にコンピュータ制御によってエアバッグが作動し、エンジンも自動的に停止。

車の火災は起きず、幸いなことに、妻も子も無事でした。


消防士や救急隊の人たちは「新しい車で本当に良かったね。**古い車だったら、無事でいられなかったかもしれない**」と言っていました。

この後、車が大破したために僕たちは次の車を買う必要がありましたが、**当然、選んだのは新車**でした。

「お金がないなら中古車にすれば」と言う方もいらっしゃいますが、やはりこんな経験をしてしまった後には、できるだけ新しい方がいいと思うようになります。

チャイルドケア（保育）は値段がイカれてる！

難民家には今、２人の乳幼児がいますが、チャイルドケア（保育）の費用はかかっていません。なぜなら保育園や幼稚園には預けていないからです。

というのも、アメリカでは残念ながら、**日本のように公的な保育施設が充実していません。** 抽選に当たれば国が運営する安い保育施設に行けるのですが、そもそもオムツを卒業した子しか入れてもらえないし、数もごくわずかです。

それも、日本の保育園のように朝から夜まで預けるデイケアではなく、１日２〜３時間しか預かってもらえません。それだと、両親が２人ともフルタイムで働くのは難しそうです。

そこで多くの家庭では私立の保育園に通わせるか、自宅でナニーやベビーシッターに見てもらうことが多いようです。

僕の住む地域では、**私立の保育園は安くて月1624ドル（約24万円）以上。**1歳半以上は費用が下がりますが、それでも月に1480ドル（約22万円）はかかります。[※1]

自宅でナニーを雇う場合は、もっと高額です。フルタイムのナニーに支払う平均額は週に約750ドル（11万2500円）です。また3歳以上の子どもには時給30ドル程度のベビーシッターをつけることもあります。

共働き夫婦の場合は、こうした私立の保育園に預けたり、ナニーやベビーシッターに預けたり、祖父母などの家族に見てもらうなどを組み合わせて何とかやりくりしているようですが、その結果、ニューヨークシティでは、チャイルドケアに毎月3750ドルかかると言われています。

日本円で月に56万2500円です。

ただし、それでは両親が働きに出ても、チャイルドケアで片方の給料が丸ごと持っていかれてしまいます。

キャリアを中断したくないという理由で、家計的には苦しくても仕事を続けている夫婦もいますが、**たいていは夫か妻のうち稼ぎのいい方だけが働き、もう1人は家に残って子どもの面倒を見る選択肢を取る家庭が多い**そうです。

ただ、他州の方からは「我が家は共働きだけど、なんであなたの家では2人で働かないの？」というコメントをいただいたことがあるので、もしかしたら、ニューヨーク州以外ではチャイルドケアの抜け道みたいなものがあるとか、うまくやる方法があるのかなとか思ったりします。

難民家では、今は妻が仕事をやめて子どもたちを見てくれています。

まだオムツも外れていないし、入れられる保育施設がないのです。

ただ、親子でずっと家にいるわけではなく、妻は図書館などで行われている無料のアクティビティに参加しています。

また、そこで仲良くなったママ友たちと自分たちで子育てコミュニティを作り、メンバー同士でお互いの家などを行き来しながら、毎日よく遊んでいます。

チャイルドケアの値段がイカれすぎて預けられないなら、もう自分たちでコミュニティを作って楽しんじゃえ！ という、陰キャの僕には到底思いつかないママたちの発想力とコミュ力に脱帽です。

参照
※1　Day Care Council of New York
https://www.dccnyinc.org/families/what-to-look-for-in-a-program-provider/market-rates/

理不尽なチップ文化と半強制募金

難民家は基本的に、飲食店では外食をしません。**というか、できません。**

妻の友人が出産祝いに贈ってくれたUberのギフトカードでピザを頼んだことはありますが、最後にお店に行ったのは、3年前に妻の親御さんに連れて行ってもらった時でした。

だって、今のアメリカでは日本のように気軽に外食が楽しめないからです。

難民家はまだ子どもたちが小さくて大して食べませんが、それでもランチだと家族で5000円以上、ディナーでは1万円以上かかってしまいます（チップ込みで）。

家族にマクドナルドすら行かせてあげられないゴミ父親です。

アメリカの外食では日本の3倍ほど料金がかかるだけでなく、チップも必要です。

チップを払う必要があるのは、レストラン、ホテル、タクシー、フードデリバリー、マッサージ、床屋などのサービス業です。サービスをしてくれる方に感謝の気持ちを込めて、会計の15～25％をチップとして払います。

ウェイターの時給は5ドル程度（750円）なので、チップなしでは生活できないのです（地域や場所にもよります。チップがもらえなかった場合、最低賃金は保障されます）。

ただ、今のアメリカでは過剰な「チップフレーション」が発生しています。

これは、チップの相場がインフレのように上昇したこと、これまでチップがいらなかった場所でもチップが求められるようになったことを指す造語です。

ウェイターの方に聞いた話だと、最近では**「20％以下のチップはあまり良くないチップ」**としてカウントされているそうです。

また、今はどこへ行っても、会計後にiPadが出てきて15％、20％、25％などから選ばされます。**店員の前でチップ額を選ばされるので、変なプレッシャーがかかり、チップを半強制で払わされる気分**です。これにはチップ慣れしているアメリカ人からも、おかしいのではないかという声が上がっています。

最近は、セルフサービスの店でもチップが求められるようになりました。たとえばセルフのアイスクリーム屋さんの会計画面でも、チップを選ばされるのです。店員の目の前で。

いや僕、自分でカップ取ってアイス入れて、入金しましたよね。あなた、そこで見ていただけですよね。**僕は何のサービスを受けたんですか？**（とは聞けない）

それから、アメリカの募金活動もアグレッシブです。

スーパーやコンビニなどのレジの精算画面に、飢えた子どもたちや捨てられた動物たちの画像が出てきてこんなふうに聞かれるのです。

「1ドル、3ドル、または5ドルを寄付して、私たちが困っている人々を支援するのを助けてくれませんか？」

キャッシャーは、僕がそれを選ぶのをじっと待っています。

目の前にあるのは山盛りの食べ物が入れられた僕のカート。

こんなに食べ物を買っているおまえは、この子たちに1ドルあげることもできないのか。

無言でそう問い詰められている気分。エグいです。

まあ仕方がない。1ドル払いましょう。1ドルタッチして車に戻ります。

問題は、そこで買い忘れたものに気づいた時です（よくある）。

もう1回レジで支払いをする時、今度こそ僕は**「スキップする」**を押さなければいけません。そう、断固として拒否しなければ。

でも、心の中では苦しい言いわけでいっぱいです。さっき1ドル募金したし。

うちだって1ドル余計に出すのはすごく厳しいんだから!!

そしてキャッシャーの目を気にしながら、「スキップする」を押さなければいけないのです。

ヤバすぎるニューヨークシティの理想と現実

ニューヨークシティといえば、皆さんはどんなイメージをお持ちですか？

都会的で、おしゃれで、キラキラしてる最先端の街？

僕も以前はそんなイメージがありました。日本に住んでいた時は、少しニューヨーク生活に憧れていました。

ファッション雑誌などで「これがニューヨークスタイル」みたいな特集もよく見ていたし、何より映画好きな僕は、キラキラしたニューヨークに対する憧れがあったのです。

でも、僕のその理想は大きく打ち砕かれました。

以前、僕はニューヨークシティのある会社からの依頼で、内装や設備設計の仕事で1年ほど通っていたことがあります。ニューヨークシティには、結婚する前に妻と行ったこともあったのですが、そこで実際に働いてみると、理想と現実はまったく違いました。

まず、**街があまりに汚いです。**街中のそこら辺にゴミが散乱しているし、地下鉄は便所みたいな臭いが充満しています。

さらに、**物価がバカ高すぎです！**

ニューヨークシティのカフェで、**パン1つとコーヒーを買ったら2000円。**

完全に頭がおかしいです。同僚にもシティでは物を買うなとアドバイスされました。土地代も人件費も法外な値段のため、物価もバカ高くなります。決してコーヒーやパンがとびきり美味しいわけではありません。

また、**ホームレスがそこらじゅうに寝ている**のにも驚きました。

車を運転していると、止まった途端にホームレスがガラスをバンバン叩いてくるのです。何が目的かわかりませんが、とにかく怖いです。

特に早朝は危険です。大工の仕事は早朝5時頃から始まることがありますが、薄暗い中を1人で歩いている時に、ずっと跡をつけられていたことが何度もありました。

もともと悪かったニューヨークシティの治安は、ロックダウン以降、さらに悪化しました。物価の高騰で生活に余裕のなくなった人々が、万引きや強盗、さらにアジア人を狙ったヘイトクライムなどをしているのです。

シティ全体が危険なわけではありませんが、少し奥に入ると危険なので、観光で訪れる際はあらかじめ訪れる地域をよく調べておいた方がいいと思います。


ニューヨークシティで特に目立っているのは、万引きや盗難といった軽犯罪です。**万引き件数は、2019~2023年にかけて64%も上昇した**[※1]と言われています。そのため潰れたり撤退したりしたお店も増えているそうです。

そうした犯罪の増加は、2020年からの法律改正も影響しています。

ニューヨーク州では暴力を訴因としない犯罪については、基本的には拘置所に入れずに釈放するよう法律を改正しました。お金のある人が保釈金を積んで釈放されるのに、お金のない人は釈放されないのは差別だという考え方からです。

でも、この改正保釈法は、万引きなどの軽犯罪者に悪用されまくっています。

結果的に、**ニューヨークシティは同じ人が何度も犯罪を重ねる犯罪天国**になってしまいました。一度捕まった人がすぐに保釈されて、また万引きや窃盗で捕まるのです。いくら捕まえても保釈されてしまうので、警察のモチベーションもダダ下がりなのではないでしょうか。

参照

※1　ブレナン司法センター「神話と現実：小売店での窃盗の傾向」
https://www.brennancenter.org/our-work/research-reports/myth-vs-reality-trends-retail-theft

第3章

3～4つ掛け持ちは当たり前！「仕事」で擦り切れる

大工組合のメリットとデメリット

前にも述べた通り、僕は大工組合に勤めている見習い中の大工です。見習い期間はだいたい4～5年で、毎年時給が上がっていく仕組みです。

ただし、それが4年になるか5年になるかは、大工の技術学校での成績によって変わってきます。

さらに健康保険、年金、無料で大学に行けるチャンスがあるなど、労働者を守ってくれるものがたくさんあるので、組合に入っていると良いことづくしです。

組合に入らないで一般企業に大工として就職する人もいます。その方が就職しやすいのですが、やはり組合のように守ってくれる存在がないと、労働者の立場はとても厳しくなります。

健康保険や年金がない企業も多いので、大工仕事で大ケガをしたら終わりだし、定年退職もできません。

アメリカでは、不法移民（不法に入国してきた人や、在留資格を持たないまま国に留まっている人）がどんどん増えていますが、彼らがこうした民間企業で安く仕事を請け負ってしまうことも問題になっています。

たとえば今、ニューヨーク州の最低賃金は時給15ドルと決められていますが、不法移民の方々はそれ以下の賃金で働いています。

彼らは法的な立場が弱いため、雇用主の要求に応じざるを得ないのです。**「きみ、時給10ドルね」**なんてめちゃくちゃなことを言われても、不法移民には他の仕事の選択肢がありません。

中には**「デパートのギフトカードあげるから働いて」**と言われて働く人もいるほどです。給与の未払いはしょっちゅうです。

さらに厳しい労働条件、たとえば時給6ドルで、月2日しか休めないような状況でも、文句を言わずに働かざるを得ない人もいます。**雇用主が圧倒的に優位な立場にいるからです。**

やはり、雇用主が好き勝手できないようにするためにも、大工組合に入るのが得策です。組合に入っていれば、給与やベネフィットの未払いがあった時も、組合がその会社を死ぬまで追いかけてくれますし、差別や不当な扱いを受けた時には本気で対応してくれます。

年金や健康保険もしっかりと整備されているので、組合に加入することで、労働者の権利が守られるのです。

ただし、大工組合にはデメリットもあります。

それは、**見習い期間中は与えられた仕事を断る権利がない**ことです。

大工組合の関わる仕事は家の建築ではなく、バカでかいビルか、公共の建物のみ。だから、基本的に仕事はキツいです。

それぞれにやりたくない仕事があり、独り立ち大工なら仕事の派遣前に自分のやりたくないことにチェックマークをつけられるのですが、見習いは仕事を断る権利がないので、全部やらされます。

コンクリートの土台造りのようなパワーがいる仕事をやりたくなかったのに、２年間もコンクリートの現場に入れられて、自分の学びたいものは全然学べなかった……なんて、よくある話です。

結局、それが原因で組合をやめてしまう人も多いそうです。

夏は熱中症、冬は凍傷寸前の中で働く

ニューヨークの気候は過酷です。夏は蒸し暑くて気温が35度まで上がり、路上に放置されているゴミの臭いが充満してひどいことになります。

一方、冬はマイナス15度まで冷え込み、歩いているだけでつま先がもげそうになるほど凍りつきます。雪と雨がよく降り、1週間に1回は吹雪が発生します。

屋外で仕事をすることの多い大工にとって、夏は熱中症、冬は指先が凍傷になる恐れがあるのです。

特に**真冬に屋外の仕事をもらうのは、ほぼ死刑宣告**と言われます。ニューヨークの冬はツールベルトに入れてあったビスが凍りつくほどの寒さで、もはや寒いというより全身が痛くなります。その中での肉体労働はまさに死刑に近いです。

そうした状況で僕がどんな仕事をしているのかというと、商業用巨大ビルの土台造りや基礎工事などをすることが多いです。というのも、僕の加入している大工組合は住宅建築からは撤退していて、今は大きな建物のみに携わっているからです。

商業用ビルの仕事は、一つひとつの材料がバカでかいため、肉体的にキツいだけでなく、大きなケガをする確率や致死率もかなり高くなります。

ある現場監督は、40年間のキャリアの中で52人のワーカーを転落事故で失ったそうです。コンクリート中の有害物質が原因で亡くなった人を含めると、70人は超えるとか……。

だから、**厳しい気候と危険な作業の中で、まずは死なないように働く。**それが僕のモットーです。

大工の朝は早く、だいたい毎朝6時頃から働いています。

まずは、さまざまな職種が集まって皆で一斉に準備体操。皆さんすでにお疲れ顔で、もう家に帰りたそうな人ばかり。その後は軽いミーティングを終えて、現場監督によってその日の仕事の振り分けとペア分けが行われます。

意地悪な人とペアになると、この時点で僕の1日は完全に終了します。

さて、ツールベルトを装着したら作業開始です。ツールベルトにツールを収納すると、だいたい15～20キロになります。

僕は見習いなのでまだ使わないツールも多いのですが、ベルトをつけていないと即やる気のない奴だと思われてしまうので、とりあえず装着。重いです。

仕事内容はその日によって変わりますが、見習い中は20～30キロの材料を運ぶ作業が多くなります。

その後、10時頃に1回目の休憩があり、トイレに行ったり水分補給をしたりします。トイレは現場にもよりますが、そもそも200人くらいのワーカーに対して、5～6個ぐらいしかないので奪い合いになります。

何より耐えきれないのが、臭いです。そもそもアメリカの公衆トイレって、壁に汚物が塗りつけてあったりして、心から絶望することも多いです。まさに、この世の地獄……**日本のきれいな公衆トイレが恋しくてたまりません。**

昼の休憩ではランチを食べますが、僕はたいてい妻の作ってくれたサンドイッチを食べています。

午後の作業が終わった後、見習いの僕は片付けをして、最後に現場を出ます。

その後は帰宅し、夜中まで副業のフードデリバリーをしたり、ライドシェアをしたり。それが僕のよくある1日です。

できなくてもできると言う「Fake till make it」文化

組合の大工は、新しい現場に行くと必ず現場監督から「あなたは何ができますか？　専門は何ですか」と聞かれます。

そういう時、日本人マインドを持っている僕は「できる＝9割くらいできる」と考えて、ほぼ完璧に理解していることができた経験があるものだけを正直に「○○と○○はできます」と現場監督に伝えます。でも、アメリカ人の大工は違います。

「I can do everything!（俺は何でもできるぜ！）」

皆、口癖のようにこう答えるのです。それも自信満々で。

それなのに、実際に仕事を始めてみると施工がぐちゃぐちゃだったりします。経験10年以上のベテランならまだしも、6～7年の経験の人でも平然と「何でもできる」と言うのは、日本人の僕から見たらちょっと不思議な光景です。

これは、組合の大工ならではとも言えます。

民間の建設会社では土台に特化している会社など、それぞれ専門性があるのですが、組合の大工は仕事を取るために現場のすべてをやる必要があります。

もちろん現場で何から何までできる人はいませんが、**「何でもできます」と言っておかないと、レイオフされやすくなってしまう**のです。

だから、組合の大工は1年中働き続けるために「全部できる」と言うわけです。

また、そもそもこれは、アメリカに根付いている**「Fake till make it」**文化そのものだと言う人もいます。

これは**「成功するまで、できるフリをしろ」**という意味で、実際には自信がなくても自信があるフリをしたり、本当はできないのに、できるように振る舞ったりすることを指します。

「面接試験でも、できないこともできるって言わないと採用されないよ」というコメントをいただいたことがありますが、日本人みたいに、できないことを**「できません」とバカ正直に言っていたら誰も雇ってくれない**そうです。

アメリカ人は、できないことがあってもできると答えて、採用された後に死ぬ気で勉強して、何とかできるようにするというのです。

僕の仕事で困るのは、現場でペアになった相手が「俺は何でもできるぜ！」と言ったのに、できない時です。僕も見習い中なので、できることはそれほど多くはありません。それなのに、ペアの相手が自分のできないことまでできると嘘をついてしまうと、かなりヤバい事態になります。

それどころか、**何か問題があった時に、ひたすら僕のせいにする大工もいる**ので、なかなかタチが悪いです。

現場監督にはできると即答したくせに、後からこっそり僕に「おまえ、これできる？」と聞いてくる大工もいました。僕ができないと言うと、相手は途方に暮れた顔をしていました。**え、途方に暮れるのはこっちなんですけど。**

わからないなりにトライしてみましたが、時々現場監督が来て、間違いを指摘されて直していうちに何とかできるようになりました。
でも、出来上がりまでにすごく時間がかかってしまうし、そういうことが続くようなら、その人はすぐに解雇されてしまいます。

ただ、アメリカでは「できない」と言うと、自信のない人だと思われてしまうこともあります。

ポジティブな態度が必要なこともあるので、僕のような日本人には、なかなか難しいところです。

即日解雇を恐れて、ボスにヘコヘコする大工たち

日本の職場では、テキパキ仕事をこなす人はだいたい周りに喜ばれますよね。僕も日本で働いていた時は、とにかく仕事を素早く終えるようにしていました。

でも、アメリカの建設現場はその反対です。**仕事を早く終えることは、現場の人たちにとっては迷惑行為。**ものすごく嫌がられることがあるのです。

以前、僕が一生懸命に働いていたら、「もっとスローダウンしてくれない？」とか「そんなに一生懸命働くなよ」とたしなめられてしまいました。

なぜなら、**仕事が早く片付くと、現場が早く終わってしまうから**です。

現場が終われば、皆レイオフされます。大工は時給なので、ゆっくりやるほど稼げるのです。

ただし、ボス（雇い主や上司）は、早く終わらせてほしいと思っています。それで、大

工たちはボスがいない時はダラダラやり、ボスが来た途端、皆がすごい勢いで一斉に働き始めます。**現場のあちこちから「ボスが来たぞ！」という囁き声が伝わってくると、皆の動作と顔つきがサッと変わる**のです。イタズラをしていた小学生が「先生が来た！」と慌てるみたいな感じです。

また、僕1人がテキパキ働いていると、周りがサボっているように見えてしまいます。大工になったばかりの頃、まだ現場の空気が読めなかった僕は、ボスからは評価されたものの、同僚たちや先輩方には嫌な目で見られてしまいました。

アメリカでは、現場で使えないと判断されると、即日解雇されてしまいます。皆がそれを恐れて、ボスの目をとても気にしているのです。

中には、**ボスの肩でも揉みだすのではないかってくらい、あからさまにヘコヘコしだす**人もいて、最初はかなりびっくりしました。

でも、実際に**ボスのさじ加減一つで自分と家族の運命も変わってしまう**ので、最近は僕もその気持ちがわかるようになりました。

以前働いていた現場では、いき過ぎた実力主義が横行していました。働いていた大工全員が仕事を失うことを恐れて、ガツガツ働いていたのです。

その現場では、お互い協力し合うことも、教え合うこともありませんでした。

見習いの僕は、その会社の大工全員とペアを組んで働いていたのですが、毎日誰かの悪口を聞かされる羽目になりました。「あいつ、全然仕事できねえよな」とか「俺は最高だけど、あいつはクソだよな」とか。

そして、サボっているところを見られたらすぐに蹴落とされるので、全員ムキになって仕事をしていました。**相手に弱みを見せたくないから、皆が意地になって8時間ぶっ通しで働き続けるのです。**本当に疲れる現場でした。

それから、日本の職場だと手の空いた人が掃除したり、気がついた人が片付けをしたりするのはよくあることですよね。現場にもよりますが、その感覚は一般的なアメリカの組合にはあまりないみたいです。

以前、ある現場で時間が空いたため、ほうきで自分の持ち場を掃除していたら、男性がやってきて**「人の仕事を取るんじゃねえ！」**とガチギレされました。

その時は知らなかったのですが、現場ではそれぞれの仕事が割り振られているので、勝手に掃除などをするとレイバー（作業員）の仕事を取ることになってしまいます。

自分の仕事が早く終わったからといって、**勝手に他の人の仕事を手伝うと、ひどく嫌がられることがある**のです。

こんなふうに、日本と考え方が違って戸惑うことも多いです。どちらがいいとか、悪いとかいう話ではなくて、それぞれのやり方があるということだと思います。

就職活動を始めるが70社から断られる

組合に加入していれば労働者の権利は守られますが、1つ問題があります。それは、**年に平均2〜3ヶ月はレイオフ（解雇期間）になってしまう**こと。現場の仕事は必ずいつか終わりますが、現場経験の浅い見習いから徐々に解雇されていきます。

レイオフ中は、一応unemployment benefitが受けられます。これは日本の失業保険みたいなもので、レイオフ中以外でも、技術学校に通学している期間も少しの額は受け取ることができます。人によってもらえる額は変動し、最大で週に500ドル程度ですが、僕は週320ドル（4万8000円）です（まったく足りません）。

またニューヨークの冬は、雪が何十センチも積もる日がたくさんあります。雪の日の運転は危険なので、仕事がお休みになります。

当然ですが、休んだ分の日当は出ません。生活費が減り、さらに難民家の借金が増えていきます。**休めば即、無収入の不安定な労働形態と、レイオフの恐怖。**

これが永遠に続くと思うと、かなり大きなストレスです。

また、大工組合で加入している健康保険の設計が変更になり、今後は高額医療請求になる可能性が出てきました。

そんなこともあり、最近、僕は大工以外の仕事に挑戦してみるのもいいかと思うようになってきました。

そこで、レイオフで組合からの仕事を待っている間、興味のある分野で就職活動をしてみることにしました。動画編集や、建設関係のマネジメント職です。

「ひょっとしたら……」という期待を込めて、約70社に履歴書を提出。

さあ、どうなることか。ドキドキしながら結果を待ちます。

結果は……なんと、**70社のうち、返事をもらえたのはたったの2社のみ。**厳しい現実を目の当たりにして、僕はひどく絶望しました。

日本も学歴社会ですが、実はアメリカは日本以上の学歴社会です。

ホワイトカラーと言われるオフィスジョブの仕事は、大学卒や大学院卒でないと雇ってもらえないことがほとんどです。

僕みたいに高卒だと、肉体労働系か技術職しかありませんし、**単に英語を話せるだけだと、アメリカではまず仕事がありません。**

そもそもアメリカの大学に通うためには、かなりお金がかかります。なんと、**1年で平均3万2000ドル（480万円）もかかる**と言われています。

もちろん公立なのか私立なのか、また学部によっても変わってきますが、4年間で**学費は12万～24万ドル（1800万～3600万円）くらいかかる**そうです。[※1]

この莫大な額をすべて払える親もいますが、奨学金を利用する若者がほとんどです。

現在、**アメリカ国民の13％にも当たる4300万人もの人が、奨学金のローンを抱えている**と言われています。[※2] しかも、40代後半くらいまで大学の奨学金の返済に追われている人も少なくありません。

僕の知り合いには、4年制大学の心理学部を卒業したものの就職できず、1000万円ほど残っている奨学金のローンを、アルバイトで返しながら生活している人もいます。

日本では、高卒で企業の事務職や営業職の仕事に就いている人はたくさんいますよね。実際、僕も日本で英語講師の仕事を探していた時、何社かは最終選考まで残りました。いろいろあって結局採用にはなりませんでしたが、チャンスをくれている感じはありました。

アメリカの場合、求人は「大卒は絶対」、「できれば大学院」という感じの会社が多く、

高卒は返答すらしてもらえません。

残念ながら、ホワイトカラーの仕事は、今の僕のように偏差値30で肉体労働しかしてこなかったおじさんが飛び込める世界ではないようです……地獄です。

参照

※1 CollegeData「大学の費用はいくらですか?」
https://www.collegedata.com/resources/pay-your-way/whats-the-price-tag-for-a-college-education

※2 The College Investor「学生ローン債務統計」
https://thecollegeinvestor.com/student-loan-debt-statistics/

アメリカの大学生がインターンで経験を積む理由

さらに、アメリカ社会が厳しいと思うのは、**大学を出ていても、必要な経験がなければ就職が難しい**ということです。

もちろん学歴も大事だけど、経験も重視されるのです。求人を見ていると、どの仕事でも経験「3年以上」や「5年以上」と書かれています。

日本の場合は、大学を卒業したら新卒枠で入れますが、アメリカでは新卒がまったく優遇されないのです。

アメリカの大学生が企業でインターンをするのは、そのためです。**インターンは、アメリカの大学生や大学院生が企業でこき使われるカルチャー**です。アメリカの大学生は、就職前にこのインターンをやって経験を積んでから就職します。

妻の話によれば、インターンで働く大学生は無給のケースが多いそうです。在学中に企業に勤めて経験を積み、そのままその企業に就職する人もいます。

妻も動画編集系の大学にいたので、動画編集の会社にインターンとして入り、無償で働いていました。

ちなみに、僕が今、大工組合で見習いをしているのは、有償インターンの一種です。大工の研修を受けて仕事をすることで、独り立ち大工の何割かの給料が支払われ、年々その額が上がっていきます。

ただし、僕は大工のインターンはしていますが、マネジメント職のインターンはしていません。

以前、僕が就職活動をしている話をしましたが、実は2社だけ返事をいただき、そのうち1社は面接まで進みました。これは、建設現場をまとめる仕事で、現場監督と打ち合わせながらプラン通りに進んでいるかを監督したり、マネジメントをしたりする仕事です。

その面接では、主に僕のこれまでの経験について聞かれた後、先方にこう言われてしまいました。

「ああ、マネジメントの経験はないんですね」

その場にやんわり漂う「終わった感」……どうやら僕には、先方が求めていた現場マネジメントの経験がなかったため、不合格になってしまったようです。

やはりその職能の経験を積んでいないと、なかなか職は得られないのです。

また、アメリカの場合、**会社員でも確定申告は自分たちでやります。**それぞれ個人でやるか、自分で税理士さんを雇って申告します。

ウェブサイトの申告システムもあるのですが、義理の兄がウェブサイトでやったところ、3000ドルの誤請求が来たそうです。税理士さんを雇った方が確実なので、結局は税理士を雇う人が多いみたいです（うちは100ドルくらいでやってもらえます）。

考えてみると、日本の場合は大学を出て新卒で企業に入ったら、税の申告は会社がやってくれるし、年金も会社で加入しているし、健康保険も国のものがあります。仕事の経験がなくても、研修で教えてくれる会社が多いですよね。

日本には社員を一から育ててあげようと、研修に時間とお金をかける土壌があります。昇進も社内で行われることが多いと思います。

アメリカの会社も基本的には社員を大切にしますが、日本ほど手厚く社員を育てる文化はありませんし、会社から「使えない」と判断されたら、即解雇です。

また、自分自身で自分のキャリアを考えて経験を積んでいかなければ、上にあがっていけません。

その意味では、かなりシビアな社会なのかもしれません。

残業はないが、仕事は3〜4個掛け持ちしてる

「アメリカは残業がなくて最高だから、日本も学ぶべきだ」なんて声を聞いたことがある方もいるかもしれません。

確かにアメリカでは、みなし残業やサービス残業みたいな違法行為を強要する会社は少ないし、一般的にも日本と比べて残業は少ないと感じます。

じゃあ、アメリカで働くのがラクなのかといえば、そんなことはありません。

問題は、**1つの仕事で生活できている人が少ない**ということです。

そもそもアメリカの労働形態は「アワリー」と「サラリー」に分かれています。僕はアワリーになりますが、アワリーは時間ごとの給与をもらう仕組み、サラリーは年間で決められた額をもらう仕組みです。

組合の建設現場では、アワリーの場合、**平日の時間外や土曜日の時給は1・5倍、日曜**

日は2倍の給料を支払うことが決まっています。

雇用主はだいたい残業代を払いたくないので、労働者を8時間以内で退勤させようとします。だから僕は、ほとんど残業をしないで家に帰れます。

また、きちんとお金を払わない「みなし残業」などがあれば、雇用主は厳しく罰せられます。

一方、サラリーの場合は雇用契約の際に年収が決まるので、どれだけ働いてもその額は変わりません（ある程度残業代が出ることもあり、会社や契約によります）。

妻の姉はサラリーで、よく土曜日にも「仕事が終わらない」と言って追加で働いていますが、やはりどうしても仕事が終わらない時は、ある程度の時間外労働をするとか、家に仕事を持ち帰っている人が多いようです。

それでも、**日本で見られるような1日12時間労働とか、休みが週に1日だけなどの過剰な時間外労働は圧倒的に少ない**です。

ただし残業自体は少なくても、本業だけでは生活費が足りないので、副業をしている人がたくさんいます。

僕の周りでは、たとえば時給40ドルをもらっているジャーニーマン（独り立ちした大工）も、土日は家の近所で大工の副業をしたりしています。

僕はフードデリバリー、ライドシェア、大工の副業、YouTuberなど複数の仕事を掛け持ちして何とか生計を立てていますが、僕みたいに何個も仕事をしないと生きていけない人はアメリカでは一般的です。**この国に「安定」という言葉は存在しない**のです。

アメリカでは、物の値段が急激に上がったこともあり、最低賃金では、とても生活していくことはできません。稼げるお金と物価の額が釣り合わなすぎて、たくさんの人が貧困に苦しんでいるのです。

実は、僕は一時期、**ゴミ箱から缶を漁って、お金に換えていたこともあります。**その頃はとにかく生活が大変で、お金になることは何でもやっていました。

さすがにそこまでやる人は少ないけれど、アメリカではほとんどの人が複数の仕事を掛け持ちしながら、何とか生活しています。

「寿司職人って本当に稼げるのか」問題

「アメリカでお金に困ってるなら、寿司職人になればいいのに」

一時期、そんなコメントをよくいただきました。

確かにアメリカでは寿司職人の求人も見かけますが、寿司職人の経験がない人は、時給20ドル程度からのスタートです。ニューヨーク州の最低賃金は15ドルなので、20ドルはそれほど高くはないし、家賃も払えません。

もしかしたら、お客様からのチップも含めれば月に50万円くらいいくかもしれません。ただ、必死に節約しまくっている難民家でも月に70万円ぐらいはかかっているので、**月50万円のお給料では赤字です。**

「アメリカって日本より時給が高いんですよね。時給3000円とかもらえたら、楽勝じゃないですか？」

よくこういったコメントもいただきますが、全然楽勝じゃないです。繰り返しますが、ニューヨークの平均生活費は家族4人で月117万円です。

もちろん、ヘッドシェフやマネージャーなどのレベルになれば、年収1000万円、1500万円の求人もあります。でも、僕みたいな凡人が、いきなりそんなレベルの職人やマネージャーになれるかといったら、絶対になれません。

どうやら、日本のメディアで一時期「日本人だったら寿司職人になれるし、そうなったらすべて解決」みたいなイメージができてしまったようです。

「お金に困ってるなら、アメリカ軍に入隊すればいいのに」も多いです。

でも、妻の友人がアフガニスタンで戦死しているので、妻からは「軍に入るなら離婚する」と言われています。今は世界中で戦争が起きていますが、やっぱり僕はまだ死にたくありませんし、離婚もしたくありません。

それに、僕の職場の1／5くらいは昔、軍にいた人です。

軍にずっといる人というのは実は少なくて、皆、除隊後の職探しにかなり苦労しているそうです。除隊後に大工になるのであれば、今わざわざ大工をやめて、アメリカ軍に入隊する理由はありません。

また、軍隊出身者にはPTSDで精神的な問題のある方々もいます。普段からこういう方たちを見ている僕としては、やはりどうしても軍に入隊する気にはなれません。**戦争で大事な人を失った話、人を殺めてしまった話、除隊後もずっと精神的に苦しんでいるという話を聞くと、とても心が痛みます。**

それから、日本語講師は大卒以上でないとなれませんし、時給が上がっていくわけではないので、相当の能力がなければ続けていくのは難しいでしょう。

トラックドライバーは家族と離れないといけないので論外です。それに、僕は運転があまり得意ではありません。アメリカ人の運転も恐ろしすぎます。

何より、僕がアメリカで仕事を探す際に、もっとも重視しているのは健康保険です。健康保険や年金制度が整っていないと、後から痛い目に遭います。

また、どんなに今稼げたとしても、ある日突然クビになったら何も残りません。

健康保険の質が悪かったら、自分や家族が大病やケガをした時に大変です。

アメリカでは、すべてが自己責任。

大工であれば、万が一クビになっても技術と経験は残り、それが次の安定にもつながります。

だから無能の僕は、安定の組合大工を選ぶことにしたのです。

難民、33歳でアメリカの大学に通う

大工の仕事をしながら複数の仕事を掛け持ちしていた僕ですが、33歳でいきなりアメリカの大学に行くことになりました。

無能中年男が、どうして今さらアメリカの大学に行くことになったのか。

それは、大工組合に「学費免除で大学に行かせてあげる」という制度ができ、技術学校の先生に「行ってみたら？」と勧められたからです。大学の入学試験に受かったら、無料で大学に通えるそうです。

ただ、入学する際に一番面倒だったのが、高校の成績証明書と卒業証明書の用意です。日本に住んでいれば簡単ですが、僕の場合はアメリカに住んでいるので、取得までがかなり困難でした。

まず日本の学校から証明書を送ってもらい、それを英語に訳して、認定機関に認めても

らって、書類と一緒に大学に送ります。結局その作業に2〜3ヶ月もかかってしまいました。

僕が進学したのはコミュニティカレッジといって、比較的学費の安い2年制の大学です。そこで建設技術の学科に入学しました。

履修すれば、建設現場のマネジメント職に就きやすくなるそうです。

入学後は、ほぼオンライン授業です。カウンセラーとどのくらいのペースでどの単位を取るかを相談してクラスを取り、オンラインの授業を受けています。

実際に大学に行ったのは、入学後のオリエンテーション時だけでした。

大学の説明やログインの仕方のレクチャーを受けたのですが、**周りは全員、ピチピチの10代。**

アメリカの大学は年齢層が幅広いと聞いていたので、おじさん仲間がいるかとワクワクしていたのですが、本当に若い方々しかいませんでした。

30代のおじさんは思わずトイレに逃げ込み、ビビリ散らかしていました。

そして、**中学、高校と英語の成績が「1」**だった僕。

日常会話はできるものの、論文を読んだり書いたりできるのか不安でした。

実際、英語文法や論文の書き方を学ぶクラスも取っていますが、まさに予測していた通りに地獄の日々です。

この講義は短期なので、1ヶ月に論文を3つも完成させないといけません。どうして学生時代にもっと勉強しておかなかったのか、毎日自分を呪っています。

大学では、建設技術の基本知識の他に、パソコンでWordやExcel、Access（データベース管理ソフト）の使い方なども学んでいます。

学期の途中には中間テスト、学期末には期末テストが行われます。こうした評価を通じて、卒業に必要な単位を取得していきます。

授業では週ごとに課題が出されるので、最近は大工の昼休みに課題をやるようになりました。休憩中に読み物を全部終わらせたり、オンラインで小テストを受けたり。

だから、大学に入学してからはゆっくりランチを食べる時間も取れず、勉強をしながらご飯をかきこんでいます。

時間がなくて大変ですが、建設業界で生き残っていくためには、日頃から建設に関する知識を学び続ける必要があります。だから、30代でもこうして学べる習慣ができて本当に良かったと思っています。

今はどこの国でもそうかもしれませんが、**特にアメリカでは学び続けなければ生き残っていけない**のです。

第4章
肉体労働で生きる僕の地獄すぎる「人間関係」

飲み会もないし、上下関係も敬語もない職場

日本にいる時は会社やアルバイト先の飲み会がよくあって、断ると社交性がない奴と思われそうで、陰キャの僕はいやいや参加していました。

アメリカでは、皆、基本的に仕事帰りの飲み会はせず、さっさと帰ります。

年に数回パーティはありますが、**参加を強要することや後輩に無理やり飲ませることはありません。アメリカでそんなことをしたら、パワハラ確定**です。

もちろん、今のアメリカでは生活が苦しいため、仕事の後に他の仕事という人もいますが、アメリカ人はとにかく家庭第一の人が多いです。仕事の後はまっすぐ家に帰って、子どもと遊ぶ人や、家の修理をする人ばかりです。

一方で、日本人は家族よりも仕事を優先する方が多い気がします。

周りの皆が残業しているから自分もしないといけない、会社の飲み会に皆が参加してい

るから自分も行かなきゃ……と考える人が多い印象です。

もちろん、日本のお父さんで子育てに積極的な方もいると思いますが、日本で英語講師をしていた3人のアメリカ人は、**「日本には自分の子どものことを知らない父親が多くて、びっくりした」**と口を揃えて言っていました。


アメリカの職場でよく耳にするのは、「明日は子どもの行事があるから休む」「子どもとの時間を仕事に奪われたくない」「今日は子どもの試合だから、仕事を早めに終わらせる」などの言葉です。

僕もアメリカの職場で、子どもが体調を崩して仕事を休んだことが何度かありますが、後で仕事を休んだことを謝ると、怪訝《けげん》な顔で**「何謝ってんだ、仕事なんてどうでもいいだろ。家族が一番」**という言葉が返ってきて衝撃を受けました。

また、組合の仕事で働き始めた頃、病院の診察のために休む必要があったので、僕は1週間前に現場監督へ休むことを伝えました。

すると、現場監督は首をかしげて「なんでそんなに早く言うんだ。それ、俺に覚えてろってこと？」と言うのです。

日本の職場では、前もって上司に言っておかないと怒られるというイメージがあったのですが、アメリカではそんなことは関係ないようです。

そもそも日本では、本来は労働者の権利であるはずの有給休暇自体が取りにくい雰囲気がありませんか？　僕も日本で有給休暇を取りたくて上司に頼んだら、かなり嫌な顔をされたことがあります。

今の僕は、時給制なので有給休暇はありませんが、1週間ぐらいの休みであれば簡単にもらえます。まあ、休んだら日当は出ませんが、他人のことはまったく気にせず、自由に休めるのです。

さらに、日本では上下関係が厳しく先輩後輩の文化が強いので、年上の方への敬語が求められますが、アメリカではそれがありません。

そもそもアメリカでは、年齢が何かの理由になることはありません。

たとえば、**求職の際に相手の年齢を聞いたり、年齢によって仕事を断ったりする行為は**

違法です。年齢で人を差別することが原則NGなのです。

考えてみれば、**アメリカではいくつになっても新しいことに挑戦できる**というわけです。

何歳だからこれをやらなきゃいけないとか、何歳だからできないという縛りはまずありません。

年をとってもチャレンジしたい方にとっては、アメリカってものすごくいい国なのかもしれません。

アメリカで通用しない日本人の「常識」

アメリカに住んでいて、とても不思議に思うことがあります。

それは、ものすごく中途半端な場所で、突然立ち止まって話を始める人が多いことです。

そもそもアメリカには立ち話が好きな人が多いのですが（中には嫌いな人もいると思うけど、かなり少数派）、問題はその場所です。

道の真ん中やドアの目の前、エレベーターの入り口などに立ち止まって、いきなり話を始めます。はっきり言って、すごく邪魔です。

しかも、**自分たちが道をふさいでいることに気づいても、その場所から動こうとはしないのです。**

日本の常識では、他の人の迷惑になるから「入り口の前に立たない」ことは子どもの頃に教えられますよね。いや、教えられなくてもわかりますよね。

建設現場でも、細い道で重い材料や機材を運ばなければいけないことがありますが、立ち話をしている人たちがいると通れません。

先日も立ち話している人たちがいましたが、重い資材を持って待っている僕の姿は見えているはずだから、あえて催促しなくてもすぐ話は終わるだろうと思って少し待っていたら、**「おまえ、なんで何も言わねえんだよ！」「英語しゃべれねえのか！」といきなりキレられた**のです。

は？　なんでこっちが怒られるの？　どういうこと？？

僕の頭の中は、はてなマークでいっぱいです。


エレベーターや電車でもそうです。「降りる人が優先」が常識だと僕は思っていました。

でも、アメリカではエレベーターの中に入ろうとする人が入り口をふさいでしまって、降りたい人が降りられないことがあります。こちらが出ようとしているのに、目の前に立っている人がびくとも動いてくれないのです。

列に並ぶという概念もあまりないのか、アメリカでの列はぐちゃぐちゃで、割り込みし放題です。

ただし、こういう疑問を持つ方はアメリカ人の中にもいるようで、妻ともよくこういう話をしますし、以前、副業のライドシェアで乗ってくださったお客様とも、その話になったことがあります。

そのお客様は、アメリカ人はあまり周りのことを考えない、つまり自己中心的なんだと話していました。

自分が早くどこかに行きたいから、平気でスピード違反や危険運転をする。

時間がないから列に無理やり割り込む。

エレベーターは降りる人が先というマナーがあるにもかかわらず、降りる人を平気でブロックして自分だけ乗り込もうとする。

自分たちの会話に集中してしまって、周りが見えなくなる……。

もちろんアメリカの人すべてに当てはまるわけではありませんが、アメリカは教育格差が大きいので、**他人に対するマナーや気遣いができる人と、そうでない人の差も大きい**のだと思います。

最近は、**日本って平均的にしっかりしている人が多い**のだと改めて思うようになりました。

とにかく自分の信じていた常識が、アメリカではまったく通じなかったりするので、毎日葛藤しています。

アメリカ人がフレンドリーすぎて陰キャつらい……

それにしても、アメリカには話好きな人が多いです。

朝、ゴミ捨て場に行くと、必ず誰かに話しかけられます。

今日の天気はどうだとか、今日は何をする予定なのか、とか。全アメリカ人とは言いませんが、**アメリカ人の多くは「スモールトーク」が得意**です。

スモールトークというのは、そこまで親しい間柄ではない人との間で行われる軽い会話や、ちょっとしたおしゃべりのことです。天気や最近の出来事、相手の持ち物や週末の予定などについて話しかけてくることが多いです。

日本人の中には、「アメリカ人ってフレンドリーで最高！」みたいな人もいますけど、正直言って僕は超苦手です。

そこまでよく知らない人に今日の予定を伝える気はまったくないし、急いでいるから早く出かけたい。それで適当に相槌を打って「なるほど」「いいね」とか言いながら、その場をフェードアウトしても、その後にスーパーに行けば、今度はレジを待っている間に後ろの人がすかさず話しかけてきます。

今日こんなことがあったとか、私の娘がどうしたとか、週末の予定がどうだとか。でも、**名前も知らない方の週末には、残念ながらまったく興味を持てません。**

日本で近所のおばちゃんにしゃべりかけられることはあっても、知らない人にこういう話を延々とされることはあまりないと思います。

でも、アメリカではしょっちゅうです。超陽気な方ならすぐに馴染めるかもしれませんが、陰キャで人見知りな僕は、声をかけられた瞬間に「うっ」と固まってしまいます。

妻は、**スモールトークはアメリカの文化**だと言います。

そんな彼女も、子どもの頃はすごく嫌だったそうです。

母親と公園に行く途中で、必ず母親が近所の人と立ち話を始めるため、公園まで10分のところが30分もかかり、その間、何もせずに立って待つのみ。

「早くして」と言うと怒られるので、大人の話が終わるまで待つしかありません。

しかしその妻でさえ、大人になった今はスモールトークを楽しむようになり、いろんな場所で立ち話をしています。

その間、どうしたらいいのかわからない僕は、その場からさりげなくフェードアウトしていくのでした。


「アメリカ人が誰彼となく話すのは、治安があまり良くないから、自分は敵じゃないって伝えるためだと思う」


YouTubeのコメント欄でそんなふうに教えてくださった方もいます。僕は専門家ではないので明言できませんが、とにかくアメリカの人は沈黙を嫌います。

たとえばエレベーターの中でシーンとしているのが耐えられないのか、間《ま》を埋めようとしてペラペラしゃべっている感じです。

日本語では「間」もコミュニケーションの一つで、漫才や落語では、あえて間を入れて面白さを引き出したりしますが、アメリカにそういう考え方はなく、とにかく気まずい間を埋めるために、何かを話しているんじゃないかという気さえします。

ちなみに欧米では当たり前のハグも苦手な僕。

アメリカにいると、コミュニケーションの違いでストレスを感じることが多くて、とても疲れます。

職場での怒鳴り合いと言いがかりは通常運転

スモールトーク好きなアメリカ人ですが、僕が働く現場では、映画に出てくるような、フレンドリーで明るいナイスガイには会ったことがありません。

常に現場の状況にキレて、周囲に当たり散らしている人。他の職種（配管工や電気工事士など）にライバル意識を燃やしてピリピリしている大工。見習いに威張り散らしている人。自分の自慢話ばかりしている人。葉っぱでハイになっているか、お酒で酔っ払っている人……。

組合としては絶対禁止ですが、**マリファナやコカインをやりながら仕事をしている人もいます。**同僚同士の本気の殴り合いもありますし、怒鳴り合いや人種差別は日常的で、よくわからない理由で僕がキレられることもしょっちゅうです。

以前、こんなこともありました。

ある朝出勤した僕は、自分のインパクトガン（ビスを打ち込む道具）を探したものの、盗まれたのか見当たらなかったため、床に転がっていたインパクトを手に取りました。そのインパクトには僕と仲の良い同僚の名前が書かれており、その同僚がその日はお休みだったので、借りることにしたのです。

仕事が終わって道具を戻した時、**身長2メートルもあるおっさん同僚がいきなり僕に怒鳴ってきました。**「おまえ、なんでそのインパクト持ってんだよ！」

僕は動揺しながら、自分のインパクトが盗まれたこと、床に落ちていた同僚のインパクトを借りたことを説明しました。

するとそのおっさんは、「ふざけんな！　このインパクト、ずっと探してたんだぞ」と言ってきました。

ただ、インパクトに書かれていたのはそのおっさんの名前ではありません。「このインパクトはあなたのではないでしょう」と言って友人の名前を出して説明すると、おっさんは僕を殺しそうな勢いで向かってきて、僕のツールバッグを床にぶちまけながら怒鳴りました。「二度とやんじゃねえ！」

僕がわかったと答えると、彼は去っていきました。

周りには何十人もの同僚と現場監督がいましたが、彼らはただ見ているだけ。僕は怒りと混乱と恐怖でパニックになり、正直ちびりそうでした。僕にできたのは、無言で去ろうとしている監督に「もう来ませんから！」と言うことだけです。

子ども時代にいじめられた経験があり、普段から職場で人種差別的な扱いを受けていた僕は感情を抑えきれなくなり、帰りの車の中で1人大泣きしてしまいました。**ボロボロ泣きながら家に帰るおっさん**……情けなさすぎです。

帰宅後、僕は大工組合をやめようと決意して、組合の会長に連絡しました。

現場では毎日、右も左も怒鳴り声で、もう疲れてしまったのです。こういった暴力的なことも初めてではなく、**豆腐メンタルな僕には限界**でした。

でも、組合の会長に慰められて、少し気を持ち直しました。この会長は優しくてセラピストみたいな方なのですが、会長曰《いわ》く、あのおっさんは戦争帰りでＰＴＳＤがあり、感情が時々コントロールできなくなってしまうそうです。

その後、おっさんが僕に電話をかけてきて謝罪してくれました。毎年その時期になると、感情のコントロールが難しくなってしまうそうです。

でも一番怖かったのは、過去に人を殺めた人とペアになった時です。

その人も精神的な疾患を患っていて、すぐ感情的に爆発して怒鳴りだすのですが、僕がやんわり注意したら謝ってきました。

でも、後から他の同僚が教えてくれました。その人は、人を殴り殺して20年間刑務所に入っていたそうです。お願い、先に教えて……。

それにしても、これから先30年もこのような方々と仕事をし続けなければならないと考えると、とても不安になります。

まさに地獄です。

チクチク心に響く人種差別

アメリカでは、人種や民族に基づく脅迫行為や暴力行為はヘイトクライムとみなされて、犯罪行為とされています。

でも、例のウイルスが流行った時は過酷でした。

「ウイルスは中国から来たんだから、アジア人をボコボコにしてやろう」と考える人たちが出てきて、実際にボコボコにされて死にかけたアジア人もいます。

僕も、道で例のウイルスの名前で呼ばれたことがありました。当時はニューヨークシティで働いていたので、常にびくびくしていたのを覚えています。

現在はだいぶ落ち着きましたが、僕の働く建設現場では、人種差別やいじめはしょっちゅうです。

たとえば、僕の本名は「地獄海外難民」ではありませんが、アメリカ人の多くは僕の本名を何回も練習しないと発音できません。すると、それが面倒くさいのか、**「おまえトヨタね」などと勝手にあだ名をつけてくる**人がいるのです。「マツダ」「ヨタロウ」「ジャッキー・チェン」などもあります。

これは地味にチクチクきます。いや、名前を間違えることは仕方ありません。アメリカ人にとっては日本人の名前は発音しにくいだろうし。ただ、間違えるのはいいけれど、発音しようとする努力は必要だと思うのです。

「俺が発音できないから、おまえのことフォードって呼ぶわ」というのは、やはり相手に失礼ですし、相手のことを尊重していたらやりませんよね。

変なあだ名をつけるくらい、まだいいと思われるかもしれません。でも、そういう些細なことから、いじめや差別はどんどんエスカレートしていきます。

以前、ある現場にいた時のことです。その現場は全体的に人種差別がひどく、僕はまともな仕事をさせてもらえずに、床掃除ばかりさせられていました。

また、毎日のように**「アジア人って使えねえ」「アジア人は力が弱い」**などと悪口を言われ、僕のアクセントをバカにしてきます。

当然、名前を覚える気もない彼らに「ツダ」「リー」「アホ」などよくわからない名前で呼ばれ、罵声を浴びせられるなど、いじめ行為を受けていました。

その中に、ひときわ態度の悪い同僚、ジム（仮名）がいました。

僕と同い年でしたが、組合幹部に親戚がいてコネを持っていたため、僕が5年かけて行っている見習いの期間をすっ飛ばしてジャーニーマンとして組合に入ってきた男性です。普段から差別用語を平気で口にして、人を見下すような態度を取る傾向がありました。

ジムはわざわざアジア人女性が載っているチラシを持ってきて、「これおまえの彼女だろ？」などと言ってきます。単なる冗談に聞こえますが、アメリカではこうしたことは立派な差別です。

このジムは僕に対してどんどん暴力的になり、常に「おまえ何してんだよ！」と怒鳴るなど威圧的になっていきました。

そしてある日、**「おまえみたいな使えない奴、おじさんに言って組合から追い出してもらうから」**と脅してきました。

僕はその日、初めて組合に無断で仕事を早退しました。

家についで妻に泣きついた後、大工組合に電話して事情を説明しました。

現場を無断で離れたことは軽く注意されましたが、**人種差別や見習い差別はよくあることらしく、真摯に話を聞いてくれました。**

その後、ジムは組合から厳重注意を受け、僕はジムと違う現場になって顔を合わせなくなりました。

後から聞いた話では、ジムは他の現場に飛ばされ、そこでコカインをやって大工組合をクビになったそうです。

難民、アメリカの職場でいじめを受ける

大工組合は労働者の権利を守ることが仕事なので、大工同士の揉めごとも仲介してくれますし、差別行為も禁止しています。

そのためジムは他の現場に飛ばされましたが、それでも安心して仕事することはできませんでした。**もう1人いたのです、厄介な人物が。**僕のいじめの主犯格だったミスタースティーブです。

ミスタースティーブは50代の男性で、いつも機嫌が悪く、仕事中にもマリファナを吸っています。マリファナを吸うと酔っ払ったような状態になるため、現場ではかなり危険です。不幸にも、僕はこの人と2人っきりで働いていました。

ただ、どんなにひどい扱いを受けても、僕は我慢して彼をサポートし続けました。

毎朝、ミスタースティーブの道具を準備し、昼は買い出しに行き、作業後は自分の道具よりも先にミスタースティーブの道具を片付ける。そんな日々を半年間も続けました。

そして、僕がジムと揉めて早退した日から数日後のことです。

その日はミスタースティーブの機嫌がいつも以上に悪く、言動も暴力的で、暴言ばかり吐いています。作業中、彼に呼び出された僕はこう告げられました。

「おまえアジア人だから、大工に向いてねぇよ。パソコンでもやったらいい。できるだけ早くやめな、邪魔だから」

この半年間の我慢と気遣いは何だったのかと、僕はショックを受けました。そして、その場ですぐ組合に通報すると、現場から撤退許可が下りました。

ミスタースティーブは厳重注意とハラスメントクラスの受講という処分を受け、僕は翌日から違う現場に移されることになりました。

こうした職場のストレスや、お金の心配が重なったことが関係しているのか、アメリカに移住して3年目、僕の体に異変が出てきます。

常に頭に靄《もや》がかかった感じで、やる気や食欲が一切なくなりました。何かを食べても美味しく感じません。いつも倦怠感に襲われていて、目を開けているのもつらいし、チック症状も出てきました。仕事の後に子どもと遊ぶのがとても楽しみだったのに、それすらできません。

とうとう朝起きられなくなったので、精神科を受診したところ、**うつ病と診断され、抗うつ剤、睡眠薬、不安緩和剤の3種類の薬を処方されました。**

僕の場合は、日本にいた頃のように気軽に話せる友人が1人もいないので、孤独感に襲われることも多いです。妻とはよく話をしていますが、僕の英語力ではどうしても表現できないことや、伝えきれない思いもあります。

常にお金のことを心配しなければいけないのも苦しく、異国で家族を養うことの難しさを毎日痛感しています。

銀行口座を作った時も、窓口で散々わけのわからないことを言われ、手数料の高い口座を開かされたり、病院から多額の誤請求が来て慌てたり。社会のシステムが違うために、しょっちゅういろいろなところでつまずいています。

言語や育ってきた環境が違う分、アメリカ人の2倍、3倍は頑張らなければいけないと焦っているのに、職場の人種差別やアジア人いじり、そして日常的な怒鳴り合いなどがあり、いつも心の中で疲れ果てて、イライラしています。

それでも、うつ病の薬を飲み始めてからは精神状態に少しずつ変化が現れてきました。心の中の怒りもおさまってきて、チック症状も軽減されています。

ただ、この治療後、合計9000ドル（13万5000円）の高額請求が来てびっくりしました。

うつ病の治療費が、僕をますます鬱々《うつうつ》とさせています。

自分の意見を言わないと、どんどん追い詰められる

ジムやミスタースティーブとの揉めごとでは大工組合が手を差し伸べてくれましたが、組合の会長や周りの人からは、僕も強く責められました。

「どうして戦わなかった。黙っていたら、状況が悪化するだけだ」と。

確かに、それまでの僕は何があっても波風を立てない方がいいと思って生きてきました。だから現場で何を言われても、何をされても我慢して仕事を続け、最終的には精神的におかしくなるほど追い詰められました。

でも、アメリカでは反撃しなければどんどんエスカレートしていくということが、よくわかりました。**こちらがどんなに我慢や気遣いをしても、そんなことはおかまいなく一生やり続ける人はいる**のです。

アメリカで人を侮辱するものに「シーポー」という言葉があります。「真面目すぎて、人から言われた通りにやる羊みたいな人」という意味です。

まさに当時の僕もそれを実践していて、人の話を素直に聞き、相手の言う通りにやっていました。むしろ人の嫌がることを意図せずやっていた時期もあったけれど、アメリカでは逆効果でした。どんどんキツい仕事をやらされるようになり、自分自身が大変なことになってしまった時期もありました。

僕は少しずつ、嫌なことには嫌だ、と言うようになりました。

言い返すと最初は口論になることが多くて大変ですが、それでも嫌がらせが続くようなことはなくなりました。**「これは嫌だ」「自分はこうしたい」ということをしっかり主張し始めたら、自分の思うような方向に進み始めた**のです。

アメリカに5年いて、よくわかりました。ここでは自分の意見をしっかり言わないと確実に損をするし、嫌な目に遭うのです。主張できない人はうまくやっていけません。

そういえば、少し前にびっくりすることがありました。

それは、人種差別やアジア人いじめがまったくない現場があったことです。僕はこれまでいくつも建設現場を回ってきましたが、必ず人種差別がありました。

さらに驚くのは、その現場にアジア人の大工がいたことです。

各現場で古株の大工たちが僕を見て**「30年現場にいて、初めてアジア人を見たわ」**と驚くくらい、アジア人はレアキャラです（ポケモンカードのリザードンくらい珍しい）。僕もそれまで自分以外のアジア人大工を見たことがありません。

僕がその現場で出会った初のアジア人大工は、40年前にベトナムから来たトムという50代の男性でした。

トムはとても気が強くて、何かあるたびに周りの人と喧嘩をしています。それも相手をぶっ飛ばす勢いで。大工としての腕もかなり良いので、周りも彼を尊敬しています。

多分、この会社の現場にアジア人差別が一切ないのは、このトムの影響です。

なぜなら、トムが若い頃のアジア人差別はもっと強烈で、僕の体験など比べ物にならないほどひどいものでした。だから、気が強くないとやってこられなかったんだと彼は話していました。

ただ、僕は少し複雑な気持ちになりました。大工の仕事は、肉体的にも精神的にも過酷です。

それに加えて、差別とも戦い続けなければならない。**アジア人は体が小さいので、いじめや差別の対象になりやすい**のです。

白人と喧嘩しまくるトムを見ていて、とても不安になりました。僕は戦い続けられるのだろうか、と。

でもこの間、妻に**「最近、強くなったね」**と言われました。

その後の職場でも、相変わらず嫌なことを言ってくる人はいますし、差別的なことをされることもありますが、本気で立ち向かうと、ひどいことはされなくなりました。

ただ僕は喧嘩が好きではないので、毎日続くのは正直しんどいです。

アメリカに住んだら自分はただのアジア人でしかなかった

チノ（Chino）。これがアメリカの職場で僕についた最初のあだ名です。チノというのはスペイン語で「中国人」という意味です。

日本ではよく「日本のここが世界から絶賛されている」みたいなテレビ番組がありますよね。僕も日本にいる時は見ていました。

「世界が注目する日本のすごい〇〇」のように、日本の文化や日本人の資質を称賛する日本のメディア。そこに漂うのは、「日本は他のアジアとは違う特別な国」という感覚だと思います。

でも残念ながら、アメリカでは**「日本人もアジア人としか思われていない」**というのが現実です。

アメリカの人たちは、僕が日本人なのか、中国人なのか、タイ人なのか全然わからないし、わかろうともしません。

これは、ワーキングホリデーでオーストラリアに行った時にも感じたことです。道を歩いているだけで、いきなり「ファッキンエイジアン！」と怒鳴られて、リンゴを投げつけられたこともありましたし、何かにつけて「エイジアン」「エイジアン」と言われました。

それまで僕は日本で、母親が中国人であることでいじめられてきましたが、海外に出たら日本人も中国人もなく、単にアジア人でしかないのだと驚きました。

まあ、僕もドイツ人とアメリカ人とイギリス人の見分けがつかないから、お互いさまかもしれないけど。

そして日本食の代表といえば、Sushi!　確かにアメリカでも人気です。

でも、寿司を食べられるのは、実はアメリカ人全体の半分くらいです。残りの半分は**「生魚なんて絶対に食べたくない」**と思っています。

アメリカでも、日本のアニメを見ている人や、日本のゲームで遊んでいる人もいっぱいいますが、彼らはそれが日本のものとは思っていません。

それどころか、**「Nintendo はアメリカの会社でしょ?」**とか言い出す始末。

また、もちろん僕も大谷選手の活躍は素晴らしいと思いますが、正直、全米が大谷を絶賛という日本メディアは、やや過熱報道と思うこともあります。

そんな報道によって、多くの日本人の頭の中で「大谷選手は素晴らしい＝日本人は素晴らしい」と変換されてしまっている気もします。

だから「大谷を知らない人もいる」なんて空気の読めない発言をする大バカ者（僕）は、日本の皆様に激怒されてしまうのです（イチローと松井秀喜は全員知っていた）。

以前、いろいろなアメリカ人に日本の印象を聞いてみたことがあります。日本人の気遣いやマナーは素晴らしいし、街は安全できれいだし、食事も美味しいです。

でも、ほとんどの人が言っていたのが、**「日本って昔は素晴らしかったよね。だけど、今はそうでもないんじゃない?」**ということでした。

確かに、日本は驚異的な経済成長を遂げた時期もありました。

残念ながら日本のメディアが報道するほど、今は海外で注目されているわけではないし、日本人と他のアジア人の区別もついていない人がほとんどです。

だから日本人も**「アジア人だから」という理由だけで、ヘイトクライムの対象になってしまうことがある**のです。

僕はアメリカに行って、そのことを実感しました。

多様性への気遣いが異常すぎる

今、ＬＧＢＴＱ＋などの性的マイノリティの方々の権利を守ろうという風潮が高まっていますが、アメリカにいると特にそれを強く感じます。

僕の職種である大工系や建築系の現場では、こうした方々に対する理解を深める勉強はしますが、全般的にオールドファッションの考えを持つ人も多く、パッと見た限りマイノリティの方々がいるかどうかも判断できません。

たとえいても、バカにされてしまいそうな空気さえあります。

でも、大学は違います。

大学のオリエンテーションに参加した時、**名前の後にジェンダー代名詞としてHe/him、She/herやthey/themと表記されている**し、口頭でも言っている教授が多かったのには驚きました。これは、自分がどうやって呼ばれたいかを示すものです。

たとえば、僕の体は男ですが、もし女性として生きたいと思っている場合は、「地獄海外難民（She/her）」となります。

自分は男性でも女性でもないと思えば、「地獄海外難民（they/them）」となります。

教授の名前の後ろにも（He/him）などと書かれていました。

大学は、最近の世の中の動きに敏感です。

最近では、子ども向け番組でもジェンダーとかマイノリティに関する内容が増えてきました。

それも、「こういう人たちがいてもいいんだよ」という承認の段階から、**「これくらい個性的な人たちこそ、素晴らしい！」という推奨の段階まで進んでいる**感があります。むしろ、今はどんどんアピールしないと非難されてしまうのかもしれません。

メディアの影響なのか、僕たちの周囲にもそうした主張をする子どもが増えてきました。妻の子育てコミュニティにいる8歳の男の子は、「僕はHeじゃなくて、Theyだ」と言い始めたそうです。

でも、アメリカ人全員がそうではありません。

「シンプルに、アレがついていたら男で、ついていなかったら女だ。男でも女でもない人などいない」という昔ながらの考え方の人も結構います。

ただ、そういう人たちは、マイノリティの方々の権利を侵害していると叩かれてしまいます。

最近では、生まれてきた赤ん坊は男でも女でもないと考える人たちも出てきました。その場合、赤ん坊は、ノンバイナリーの「they」と、赤ん坊の「baby」を合わせて**「theybie（ゼイビー）」と呼ばれる**そうです。

男でも女でもない、赤ちゃん。

皆が皆、個性的で、ちょっといき過ぎじゃないかって心配になるほどです。

最近びっくりしたのが、「自分は猫だ」と言い張る子どもが出てきて、学校側はその子が猫だということを尊重しないといけないので、**その子のために猫のトイレを設置してあ**

げたそうです。

これはさすがにアメリカでも極端な例で、正直、僕には理解しがたい話です。

ただ、話している相手がどんな考えを持っているかわからないので、皆そういう発言にはものすごく気をつけています。

皮肉すぎるアメリカンジョークに混乱する

アメリカ人はよくジョークを口にします。でも時々、日本人の僕には、いまいち意味がわからないアメリカンジョークもあります。

特に不思議だと思うのは、**多様性に対して異常な気遣いをするアメリカ人が、一方でジェンダーに関するブラックジョークを頻繁に口にする**ことです。

たとえば、僕はグレゴリーというアウトドアブランドの花柄の財布を使っているのですが、それを出すたび、「うわぁ、めっちゃくちゃかわいい〜。それ、男用も売ってるの〜？」みたいにニヤニヤしながら絡んでくる人が多いです。僕はあえて花柄を使っているのに、男のくせに花柄かよ、と冗談にしているのです。

この辺の感覚は、日本人とアメリカ人でだいぶ違う気がします。

日本では、男性でもトートバッグを持ったり、ピンクのものを身につけたり、ユニセックスの服を着るのは平気な人が多いですよね。でもアメリカでは、そういうことはあまりないし、**足を組んで座るのもゲイだと思われるからしないという男性も多い**です。

日本では、スキンケアをする男性やヒゲや体毛を処理する男性もいますが、アメリカではヒゲや体毛は男らしさの象徴で、むしろ剃りすぎるとゲイだと思われるので剃らない人もいます。

それどころか、アメリカでは男が日焼け止めを塗るだけで、めちゃくちゃバカにされます。建設現場なのでなおさらだと思いますが、外で仕事をする前に僕が**日焼け止めを塗っていると、あだ名が「サンスクリーンボーイ」になります。**

こういう風潮に僕は最初、混乱してしまいました。「え、こういうジョークって言ってもいいの？」って。男女の性差にとらわれないとか、マイノリティの権利を認めようとか言っているのに、古い考えの人も日本よりずっと多い気がするのです。

でも、**それこそ「日本人バイアス」**だったのかもしれません。

僕は、「こうした方がいい」ということがあったら、それを守らないといけないと思い込むとか、白か黒しかないと思い込んでいるところがありました。

アメリカでは基本的に表現の自由（freedom of speech）が大事にされているので、**それぞれの主張が尊重されるべきだという風潮があります。**

自分はこう考えるけれども、あなたがそう考えるのも自由。それぞれに主張があるから「正解」はないし、お互いに尊重し合えば何を主張してもいいという考え方です。

もちろん論争になったり、叩かれたりする時もあるかもしれないけど、それぞれがそれぞれの意見を持つことが重要だと考えるのです。


でも、日本の場合は、割と周囲に合わせて行動する人が多いので、その社会の「正解」がイメージしやすく、それに反する行動はタブーみたいになりがちです。

だから、どんな場合でもからかうなんて良くないよね、と考える人が多いのかもしれません。以前の僕みたいに。

そもそもアメリカンジョークって、皮肉なものが多くて、結構ブラックです。

ただ、アメリカ人はかなり軽い気持ちで言っているということがわかってきたので、最近はあまり気にならなくなってきました。

以前、結婚式に行った時、隅っこにおめでたい式には合っていない、白い布をかぶせた置物らしきものがあったんです。それを見た妻が、冗談で「あなたって、あれみたいだよね。結婚式に馴染もうとしているけど全く馴染めてない」と言いました。

僕はパーティ全般が苦手で、いつも苦笑いしているため頑張っていても馴染めていない感が出ているからだそうです。

アメリカ生活6年目。僕はまだまだアメリカに馴染めていないみたいです。

おわりに

ここまでお付き合いくださり、本当にありがとうございます。

以前、この本の編集者さんに「じゃ、地獄海外難民さんがアメリカ生活で学んだことって、一言でまとめるとどんなことですか？」と、難しいことを軽く聞かれたことがあるのですが、僕が学んだことを一言でまとめるなら、**「アメリカは決してキラキラじゃなかった」**ということです。

アメリカでは、普通に生活できるくらいのお金を稼げないで苦しんでいる人がとても多いし、一人ひとりがとにかく必死で生きている感じです。

もちろん能力があったら、バリバリ稼げて優雅な生活を送れますが、普通の人が普通に暮らすのであれば、日本での生活の何百倍もの努力が必要です。

日本って、普通に働いていたら、きっとそれなりに暮らせますよね。

1000円くらいあれば安くて美味しい外食ができるし、コンビニに行けば美味しい弁当もあります。洋服も安く買えます。

だから僕はアメリカでも、もうちょっと普通に働けて、もうちょっと普通の暮らしができるだろうと思っていました。

日本より物価が高いことは知っていたけれど、ここまで高いとは思わなかったし、しかもその後もどんどん上がっていきました。人種差別もあるだろうとは思っていたけれど、アメリカの建設現場は想像以上に荒々しくて地獄でした。

でもアメリカで一番びっくりしたのは、自分自身が、人と話すのがこれほど苦手だったのかと気づいたことです。人間関係でこんなにストレスを感じるとは思いもしませんでした。

日本でも、会社の飲み会とか、人目を気にする息苦しさは苦手だったけれど、アメリカではうまく立ち回れなければ「生きるか死ぬか」という感じです。アメリカ生活を経験した今なら、日本の飲み会もそれほど苦にならなそうです。

「じゃ、日本に戻ってくればいい。アメリカに居続ける理由はないのでは」

よくそう言われます。

ただ、アメリカで僕の人生が一番大きく変わったのが、自分に家族ができたことでした。日本ではずっと1人で、今も帰る場所のない僕にとって、家族ができたことが一番嬉しかった。それが、僕がアメリカに居続ける理由です。


まず、アメリカ人の妻の家族が僕を迎え入れてくれました。

驚くべきことに、僕がお金を借りても、妻の家族には一度も嫌な顔をされたことがありません。大工の仕事も副業のYouTubeも応援してくれるし、今回の出版も自分のことのように喜んでくれました。家族の行事やパーティは大変ですが、子どもたちも家族の周りで育てていけることに感謝しています。


そして何より、難民家には子どもも2人生まれて、自分の家族も増えました。

YouTubeのコメント欄には、時々こんな声をいただきます。

「貧乏なのに、なんで子どもつくるの？」「2人目つくるの、おかしくない？」
また、他の視聴者様のコメントには**「あなたみたいな人が父親で、妻と子がかわいそう」**と書かれていました。まったくその通りで絶望します。

僕も以前は思っていました。貧乏人が子どもをつくるなんて無責任じゃないか、と。
そんな僕を変えたのが、大工になって間もない頃に仲良くなった現場監督の言葉でした。
ある時、その監督に子どもをつくらないのかと聞かれたんです。

「いやぁ、今はちょっと無理ですね。まだ1年目で時給18ドルだし、今は妻も仕事ないし。まあ、4年か5年たって生活が安定して妻も仕事見つけたら……」

言いわけがましく答える僕に、彼はこう言い放ちました。

「おまえ、そんなんじゃ一生、子どもなんかつくれねえよ。5年後に子どもつくるって言うけど、多分おまえはまた別の言いわけ探すよ。**子どもをつくるのに、完璧な状態なんて**

ないんだよ。 おまえ、子ども好きだろ。妻を愛してるんだろう?」

ぐうの音も出ませんでした。「おまえはチキンだな」とも言われました。

それで、家に帰ってから妻と話してみたのです。もともと、子どもをどうしようかという話は出ていましたから。すると妻もこう言いました。

「確かに、待ってても私は若くならないからね。過去には戻れない」

その通りです。きっと僕は何年たっても言いわけを探しているはずです。物価がどうの、家がどうの、教育費がどうの。だけど、お金がない国で誰も子どもを産まないのかといえば、そうじゃないですよね。

それで子どもをつくることにしました。その後、大工になって3年目、2人目をどうしようかと迷っていた時にも、あの監督の言葉を思い出しました。

子どもをつくるのに、完璧な状態なんてないんだよ。

家族が4人に増えて賑やかになっても、相変わらず難民家の生活は苦しくて、いつも火の車です。

それでも、副業をしたり、YouTubeを始めたり、大学に通い始めたり、職場でいじめられて泣いて帰ったり、本気で言い返してちょっとは主張できるようになったり、就職活動したり、不採用にされて絶望したり……地獄から這い出ようともがきながら、僕たちは今日も何とか生きています。

地獄海外難民

2025年　1月

地獄海外難民

1991年生まれ。2019年頃からニューヨーク州に移住し、2歳と0歳の子どもと妻と暮らす。肉体労働(大工)のほか、フードデリバリーやライドシェアなどを掛け持ちし日々即日解雇の恐怖を抱えながら働く。うつ病とも闘いつつ、大病したら即アウトなギリギリの毎日をYouTubeにて配信中。

底辺《ていへん》の大工《だいく》、ヤバいアメリカで生《い》きのびる

絶望《ぜつぼう》の中《なか》で見《み》つけた「自分《じぶん》を見失《みうしな》わない」方法《ほうほう》

2025年1月18日　初版発行

著者　地獄海外難民《じごくかいがいなんみん》
発行者　山下直久
発行　株式会社KADOKAWA
〒102-8177　東京都千代田区富士見2-13-3
電話0570-002-301(ナビダイヤル)
印刷所　TOPPANクロレ株式会社
製本所　TOPPANクロレ株式会社

●お問い合わせ
https://www.kadokawa.co.jp/ (「お問い合わせ」へお進みください)
※内容によっては、お答えできない場合があります。
※サポートは日本国内のみとさせていただきます。
※Japanese text only

定価はカバーに表示してあります。

ISBN 978-4-04-607125-5　C0095

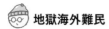